CSSCI 来源集刊

中国金融学

总第十八辑

清华大学公共经济、金融与治理研究中心
四川大学金融研究所
浙江大学互联网金融研究院
中国人民大学国际货币研究所

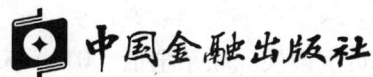中国金融出版社

责任编辑：吕　楠
责任校对：孙　蕊
责任印制：陈晓川

图书在版编目（CIP）数据

中国金融学（Zhongguo Jinrongxue）总第十八辑/清华大学公共经济、金
融与治理研究中心等编．—北京：中国金融出版社，2018.4
ISBN 978-7-5049-9515-5

Ⅰ．①中…　Ⅱ．①清…　Ⅲ．①金融学—中国—文集　Ⅳ．①F832-53

中国版本图书馆 CIP 数据核字（2018）第 059072 号

出版
发行

中国金融出版社

社址　北京市丰台区益泽路 2 号
市场开发部　（010）63266347，63805472，63439533（传真）
网 上 书 店　http://www.chinafph.com
　　　　　　（010）63286832，63365686（传真）
读者服务部　（010）66070833，62568380
邮编　100071
经销　新华书店
印刷　北京市松源印刷有限公司
尺寸　180 毫米×255 毫米
印张　9
字数　166 千
版次　2018 年 4 月第 1 版
印次　2018 年 4 月第 1 次印刷
定价　49.00 元
ISBN 978-7-5049-9515-5
如出现印装错误本社负责调换　联系电话（010）63263947

目　录

重新审视发展融资及开发银行：
耐心资本作为比较优势[*]

林毅夫[①]   王 燕[②]

摘 要 本文讨论了资本长期导向与短期导向的异质性；并将"耐心资本"（Patient Capital）的概念与国家或多边发展机构相联系。结构转型对生产率增长和就业创造至关重要，但相比于流动性强的"移动资本"（Mobile Capital），其融资取决于耐心资本和"超长期"资本的可用性。基于新的结构经济学（Lin，2010），我们认为长期导向（Long Term Orientation，LTO）可以看作是在特定情况下可以发展为耐心资本的比较优势的一种特殊禀赋。如果能够建立发展融资机构，各国则有可能把耐心资本转化为一种比较优势。为了保持资金的耐心性，应该建立更多开发性金融机构，如国家或多边的开发银行和基金，为绿色转型和可持续发展提供超长期资金。另外，超越"狭窄框架"，将公共基础设施和私人服务进行"打包"是海外成功合作的关键之一。

关键词 耐心资本 长期导向 基础设施融资 发展

1. 引 言

随着世界各国领导人面临可持续发展和气候变化的挑战，这两者又都需要大量的资源，新的发展融资思路开始出现。新自由主义经济学的一些基本理论和政策规定需要重新审视。而在新的融资资源可能被利用的情况下，"反思发展融资"是必要的。

传统的新自由主义假设资本是同质的，因此不存在货币和期限错配的问题，所以完全的资本账户开放对那些包括低收入、制度及社会经济环境显著不同的发展中国家在内的所有国家都是"有益的"。这就导致在 20 世纪 90 年代及以后当华盛顿共识和新自由主义盛行时国际组织对"资本账户自由化"的推崇，尽管检验这种开放的有影响力的经验证据并不确凿。Reinhart 和 Reinhart（2008）指出，"资本流动的突然升温"往往会伴随着严重的崩溃，并导致巨大

---

* 中文译者：中国人民大学 董熙君；北京外国语大学 邓昕、张昇；外交学院 王诗涵。

① 北京大学新结构经济学研究院院长，南南合作与发展学院院长，北京大学国家发展研究院名誉院长，世界银行原首席经济学家。

② 北京大学新结构经济学研究院高级研究员，乔治华盛顿大学客座教授，E－mail：wangyan@ nsd. pku. cn。

的社会成本。自 1980 年以来越来越多的国家选择开放资本账户之后，"在 50 多个新兴市场经济体中资本流入剧增的事件大约有 150 起……有 20% 的事件以金融危机告终，许多危机都伴随着产量大幅下降"（Ostry 等，2016；Ghosh，Ostry，Qureshi，2016）。"金融收缩的负面影响几乎完全由金融开放渠道传播"（Aizenman，Pinto，Sushko，2012）。经过多年的争论，国际货币基金组织总裁克里斯蒂娜·拉加德（Christine Lagarde）在吉隆坡公开承认"资本流动可以带来巨大利益，但也可能通过周期性高潮或崩溃时引致的破坏压垮相应国家……经济管理是关键……在其他情况下，临时性资本管制可能是有用的。应该指出的是，马来西亚在这方面走在了前列"。（2012 年 11 月 14 日致辞，引自 IEO 2015，第 16 页）最近，诺贝尔经济学奖获得者拉里·萨默斯含蓄地承认需要有一个对"移动资本"（Mobile Capital）全球一致的税收规则（2017 年 11 月 8 日演讲，第 9 页）。

在资助实体部门的增长或结构转型上，我们认为耐心资本或超长期资本非常重要。发展中国家需要吸引的是耐心资本，而不是那些移动资本或"热钱/快钱"。因此，中国对资本账户自由化的谨慎态度也许有站得住脚的道理。如果很多先进国家都有控制低端技术工人移民的政策，为什么发展中国家不能管理不同类型且导致资产泡沫和崩溃的资本流入和流出呢？

我们认为，现在正是推动建立国家开发银行以及多边开发银行和基金的时机，因为它们是耐心资本的重要来源和渠道之一。当新自由主义在过去 30 年流行时，超过 250 家开发银行在 1987—2003 年进行了私有化，而其他许多开发银行则进行了重组或清算（Olloqui，2013）。这一趋势极有可能将长期发展融资渠道的资源"转化"为寻求利润的短期借贷活动。尽管存在这种私有化（在华盛顿共识的压力下），许多开发银行仍旧成长起来，并为发展提供了大量的长期融资，并在 2008—2010 年国际金融危机期间发挥了逆周期的作用（Luna - Matinez，Vicente，2012，第 1 页）。UNCTAD 最近还研究了开发银行在促进南方国家经济增长和可持续发展方面的作用，并提供了来自巴西、中国、印度、韩国和土耳其以及南非丰富的国家经验（UNCTAD，2016）。

随着亚洲基础设施投资银行、金砖国家开发银行和丝路基金以及其他工业产能发展基金的成立，世界各国领导人对开发银行和基金的角色越来越感兴趣。因此，本文进一步将耐心资本的概念与开发银行和基金挂钩，并提出建立新的多边发展银行（如粤港澳开发银行）和发展中国家绿色转型基金（两者都曾被林毅夫和王燕在不同的场合中提及）。

本文内容提要中，我们首先回顾文献，并介绍新结构经济学的发展和融资框架。在第三部分，我们转向讨论"长期导向"（LTO）及其对储蓄和基础设施融资的影响。在第四部分，我们讨论比较优势的概念，以及为什么"长期导向"不能是比较优势，而耐心资本可以被认为是比较优势。在第五和第六部分中，我们将耐心资本与发展融资机构联系起来。在第七部分中，我们讨论超越"狭窄框架"的问题，将绿色的和其他非绿色项目结合起来。第八部分为总结。

2. 新结构经济学与我国发展融资思想①

新结构经济学（NSE）假设每个国家在任何特定的时间都拥有由土地（自然资源）、劳动力和资本（包括人力资本和物质资本）组成的要素禀赋，这些资源是该国可以向第一产业、第二产业和第三产业分配来生产商品和服务的可用预算总和。一个国家禀赋的相对富余程度，在任何特定的时间是给定的，但随时间而变化。此外，基础设施是第四个禀赋，其在任何特定的时间都是固定的，随着时间的变化而变化（Lin，2012b，第21页）。

这个框架意味着，在任何时候，一个国家的要素禀赋结构，即该国拥有的相对富余的要素，决定相对要素价格，也从而决定最优的产业结构（Ju等，2011）。因此，一个能使这个国家最具竞争力的最优产业结构，其实是由禀赋结构内生决定的。

而且，经济发展是一个动态的过程，包括结构性的变化，涉及产业升级以及各个层面的"硬性"（有形）和"软性"（无形）基础设施的相应改善。这种升级和改进需要内在的协调，通过较大的外部性作用于企业的交易成本和资本投资回报。因此，除了有效的市场机制之外，政府应该在促进结构转型，多元化和产业升级方面发挥积极的作用（Lin，2012b，第14页至第15页）。"增长甄别与因势利导框架"（GIF）（Lin and Monga，2011）是政府在结构转型中发挥促进作用的实用指南。

从新结构经济学的角度来看，发展融资（Financing for Development，FfD）问题与自然资源、物质资本和人力资本这些国家禀赋密切相关。在没有跨境援助和投资流动的框架下，这些资产可以作为"发展总预算"分配给第一产业、第二产业、第三产业来生产商品和服务②。当林毅夫当选为世界银行首席经济学家时，作为第一个来自发展中国家的经济学家，面对国际金融危机，他总结了发展中国家以往应对危机的经验，并提出了一些独特的全球基础设施投资举措。首先，任何成长型的解决方案都应该把重点放在发达国家和发展中国家实施缓解瓶颈的投资上，不仅要增加短期需求，而且要提升长期增长的可能性。其次，"缓解瓶颈的基础设施"与一个国家的比较优势息息相关。大部分基础设施都具有部门/地区特性。投资于阻碍国家"潜在"比较优

---

① 这是对 NSE 和我们关于发展融资的想法的简要总结。这是一个渐进的和学习的过程。

② 这里的重点是利用"国家有什么"来实现"国家能做好什么"（即国家的潜在比较优势）。在2013年和2014年的论文中以及2017年的书中，我们把框架扩大到援助、贸易和投资（Lin and Wang，2017）。

势实现的基础设施瓶颈（如电力和道路）可能会导致更高的增长率、更高的收益率，创造就业机会以及财政收入。如果一个国家能够遵从自身的比较优势而不是反抗它，就能够以最低的成本生产产品和服务，产生最多的储蓄，实现良性循环（Lin，2012a）。这也暗示如果选择正确，从长期看，一些基础设施能够自筹资金实现自负盈亏。中国可以给出很多例子，最突出的就是广州—深圳—珠海的高速公路，其完工于 1994 年并且保持盈利。许多高速公路通过"使用费"和税收来筹集部分资金。刺桐大桥通过公私合资合营筹集资金，而广西来宾电站则通过"建设—经营—转让"（BOT）方式进行项目融资（Lin 和 Wang，2017，第 116 页至第 117 页）。

2013 年，我们在联合国关于发展融资的联合论文中提出建立一个全球结构转型基金（GSTF）的设想（Lin and Wang，2013）。我们的一个想法就是把贸易、援助和投资结合起来，利用土地融资手段为基础设施和城市发展融资。历史上，土地融资为城市基础设施投资提供了强有力的支持手段[1]。这些选择在中国对经济特区和围绕这些地区的基础设施的试点中得到了利用（Wang Yan，2011）。另一个想法是通过建立这一多边的全球结构转型基金利用公私合作伙伴关系（PPP）来动员主权财富基金、养老基金并撬动私营部门资金用于发展（类似于丝路基金和亚洲基础设施投资银行（AIIB）的想法）。此外，我们提出通过将现有的城市转变为绿色城市、绿色经济特区（SEZs）以及建设新的环保产业集群，来提高绿色科技的利用率。今天，这些想法在很大程度上得到了支持，可以从中国领导层关于"一带一路"倡议、2015 年 1 月成立的丝路基金、7 月成立的金砖国家开发银行以及 12 月成立的亚洲基础设施投资银行（AIIB）中看到。

最近，我们在合著的新书《超越发展援助：支持结构转型的发展合作》中，更充分地讨论了发展融资问题。基于新结构经济学（Lin，2010，2012），我们在该书第三章中再次批评了传统的新自由主义对资本同质性的假设。根据这些模型，基础设施融资与其他类型的投资没有区别。在这些模型中，由于没有货币、期限和风险错配的问题，完全的资本账户开放对所有人都是"有利的"，这一"有利的假设"现在已经被广泛批评。[2]

在这本书中，我们认为官方发展援助（ODA）不一定总是优惠的，用"超越援助"的方法把援助与贸易和投资联系起来，就像中国在南南发展合作中采用的方法一样。目前，经合组织对官方发展援助的定义甚至不包括支持结构转型的一些更有效的手段，如股权投资和基础设施方面的大额非优惠

---

[1] 针对合法和典型的土地资产基础设施融资，参见 Peterson, George E. 的《利用土地价值对城市基础设施融资的作用：城市土地融资选择》（*Unlocking Land Values to Finance Urban Infrastructure：Land - based Financing Options for Cities*）。

[2] 这篇金融文献对货币、期限和风险错配进行了很好的分析，特别是在金融危机方面。我们感谢黄益平的这个建议。

贷款。将援助从贸易和投资中分离出来会阻碍援助国和受援国利用各自的比较优势（这是一个贸易概念），并阻碍了双方的共赢。此外，如中国、巴西、印度等大型新兴市场经济体可以利用各自在基础设施和轻工业上的比较优势来帮助他人。对中国来说，这符合儒家的一句名言"己欲立而立人，己欲达而达人"。

在该书的第五章中，我们讨论了中国在基础设施建设方面具有明显的比较优势，这归功于其较低的劳动力成本（中国的项目经理的劳动成本是经合组织国家的八分之一）和广阔的国内市场，使其能够实现规模经济，而其他国家根本无法实现。因此，中国高铁的整体成本是工业国家的三分之二。

在该书的第六章中，我们的分析揭示在 97 个子行业中中国在 46 个行业具有比较优势，特别是在制造业方面，因而这些行业的所有贸易伙伴（进出口双方）都能获益。

在该书第七章中，我们讨论了"快速获胜的秘诀"或"发展的有效性"，内容包括通过寻找甄别具有潜在比较优势的部门，利用经济特区和其他政策鼓励集聚和产业升级，如增长甄别与因势利导框架（Lin and Monga，2011）中所述的六个步骤。

最后，在该书第八章中，我们提出了拓展发展融资的定义。货币政策工具有 M_0、M_1、M_2 和 M_3 以及社会融资总额。在开发金融中，我们可以定义 DF1、DF2、DF3 和 DF4。一套新的且更清晰的定义将会鼓励透明性、问责制和选择性，鼓励主权财富基金（SWFs）和养老基金在发展中国家进行投资，并促进混合融资或公私伙伴关系（Lin and Wang，2017，第 175 页）。

现在转向 2017 年我们的书出版后提出的一个相对较新的观点，即"耐心资本"或者"超长期资本"这一特殊类型的资本，以及如何为发展金融机构调动这些资本。

3. 与长期导向（LTO）相关的文献

贴现率在经济模型中的重要作用是众所周知的。但哪些消费群体的贴现率高，哪些贴现率低呢？什么决定了贴现率？荷兰社会学家赫尔特·霍夫斯泰德（Geert Hofstede）和他的合作者一直在研究这些问题。

基于霍夫斯泰德的文化维度理论，长期导向（LTO）是衡量基本文化差异的五个关键文化维度之一。[①]它最初被称为儒家活力主义，这个维度将过去与现

---

① 五个文化维度分别是个人主义、性别气质、不确定性回避、长期导向和权力距离（Hofstede，1991）。

在和将来的行动联系起来。① 具有长期导向型的社会更看重坚持、毅力、节俭、适应和学习。长期导向已被广泛认为是人力资本形成、技术进步和经济增长的重要组成部分。一个以短期为导向的贫穷国家通常少有经济发展，而长期导向的国家则有可能持续发展（Hofstede，1991）。

由迈克尔·斯宾塞领导的增长委员会发现，"未来取向"是13个成功经济体在第二次世界大战之后经历持续高增长（以每年7%或更高增长率保持25年及以上）的五个主要因素之一。"未来取向和储蓄以及公共和私人投资的高水平和有效性密切有关"。同时，他们发现在很多发展中国家，公共部门的储蓄和投资远低于最佳水平，并"挤出"私营部门投资和系统性的投资不足（Spence，2008）。②

在经济学科中，居住在一个国家的个人长期导向的平均水平通常被认为是该国时间偏好率的有效替代指标。例如，Galor 和 Özak 指出：鉴于长期导向对人力和物质资本形成、技术进步以及经济增长的重要性，时间偏好已被广泛视为国家财富形成的一个基本要素（Galor and Özak，2016，第1页）。他们的研究发现，那些有利于农业投资高回报率的前工业化农业气候特征对当代长期导向的形成有持续的积极作用。Galor 和 Özak（2016）表示，具有较高长期导向的个体会选择已承诺较高但延迟回报的农业实践活动，而拥有长期导向的个体在参与有利可图的投资项目时，则会减弱他们对未来的折现程度，并强化延迟满足的能力，投资的高经济回报增加了生育的概率，利于跨代传递其时间偏好，并逐渐增加拥有长期导向的个体在人群中的代表性。

国别长期导向指数也与大量研究结果一致，表明发展中国家的储蓄率明显高于工业国家。Mendoza 等（2009）观察到，美国净对外资产头寸自20世纪80年代初开始长期下降，美国净对外资产组合构成中风险资产持有增加的同时债务大幅增加。Mendoza 等（2009）认为，由于金融市场的发展，不同国家之间的金融融合导致了这种全球金融失衡，而其中金融市场发达的国家对外债的积累是一个渐进且长期的过程。Broner 和 Ventura（2016）在考虑了金融摩擦的金融全球化研究中，进一步强调了国内债务执行不完善以及国内外债务的相互作用。他们的模型显示，金融全球化的观察模式取决于发展水平、生产率、国内储蓄和制度质量。然而，正如 Hofstede 等人所主张的那样（2010），长期导向值高的国家的个体重视持之以恒和坚持不懈的精神，并愿意为了长期利益而推迟短期物质的满足。相比之下，以短期为导向的国家的个体更关心直接满足而非长期满足。由于长期导向代表了经济行为者为了长期货币利益而放弃即时

---

① 1971 年，迈克尔·邦德（Michael Bond）和他的中国同事发起了中国价值观调查（CVS）。CVS 的第四个维度与儒家关于毅力的教育极其相关。

② 债务可持续性问题的宏观含义受到不少最近文献的关注。例如，Galor 和 Özak（2016），Kukhar-skyy（2016），Broner 和 Ventura（2016）以及最近的 Kapur（2016）。我们试图从宏观的角度来讨论 LTO 的微观方面：从禀赋和比较优势的角度看耐心资本的概念，以及它在发展筹资中的作用（FfD）。

满足的意愿，因此长期导向上的跨国差异可能会影响到这些国家的个人行为。例如，Kukharskyy（2016）探讨了跨国长期导向组织维度对公司行为的影响。他发现合作方的长期导向水平对公司垂直整合的可能性有积极的影响。因此作者希望聚焦这种"纯粹的"或基本面的全球金融整合并将其与内生的产品和流程创新相结合。

就其本身而言，长期导向可以被认为是一种禀赋，一种从重视坚持、毅力、节俭、节约、适应和学习等文化背景中继承而来的优秀特征。

4. 耐心资本作为比较优势

长期导向可以被看作是比较优势吗？我们的答案是否定的。长期导向或许可以被认为是一种文化禀赋，因为它是从历史和文化的背景下继承而来的。但是它不是一种生产投入，比如资本或人力。这里我们先明确：比较优势与生产要素（物质、人力或者自然资源）相关，并能被不同部门集中利用。就像一个产品或者一个服务能够是技术工人密集型，一个产品也可以被叫做"耐心资本密集型"，因为资本并不是同质的。在其他分类中，也有耐心资本和不耐心资本或者"移动资本"。[①] 另外，一个国家可能具有长期导向但是倾向并不能被出口。这个国家或许有充裕的长期储蓄但是不能将其转化为耐心资本并出口。这表示这个国家或许拥有潜在的比较优势但是还没有能力将这种资本变成"实际的"或者显性比较优势。

就像人力是不同质的，资本也从未同质过。这里有很多方法来分类不同种类的资本。但是在发展金融方面，区分耐心资本和不耐心资本是关键。当研究经济增长和发展的时候，我们经常观察到耐心资本（超长期债务和外商直接投资）相比不耐心短期资本在经济增长上贡献更加显著。当研究资本账户开放的影响时，许多经济学家恰当地区分了外商直接投资（FDI）和证券投资（Kose等，2009；Gou 等，2010）。他们指出早期对 FDI 流入的开放于发展中国家的经济增长很重要，但是对剩余部分（证券投资）的"完全自由化"（如华盛顿共识推进的一样）结果不一。在一些案例中，它将导致金融危机（Ostry 等，2016；Lin，2013，2015）。针对以上的区分是非常重要的，但在我们的分析中并不充分。

这里，我们提出同不耐心资本（或者"移动资本""脚底抹油的资本"）相对的一个概念——"耐心资本"，它取决于一个国家或者地区的长期导向特征，以及银行及金融机构投资者的发展情况。我们从广义上定义"耐心资本"

---

① "对冲基金不关注其长期——对于它们，一个季度的时间就是永恒。它们的目标就是在华盛顿'醒来'之前，从政府慷慨的发盘中赚取容易钱"，Joseph E. Stiglitz（《名利场》，2016 年 12 月 27 日）。

即投资在一种"关系"上的资本。在这段关系中，投资者自愿向接受国/伙伴注入资金，乐意看见它们在未来不断成长并为之带来不小的回报。类似于家长投资其孩子的教育，风险资本家们投资有前途的想法/创新，或者企业家投资实体部门，（私募）金融家投资某些公司或项目未上市的股份。那些投资者不甚关注短期的回报而是关注当借款人或投资项目成长或扩大所带来的长期回报。耐心资本的所有者是偏好股权投资的投资者，但他们愿意长时间在实体部门或者未上市公司抑或未上市基础设施项目上"供应"资金。[①] 这里的经济行为人（即投资者）运用的是在超长期下"世代交叠"（Overlapping Generation）框架。同时，他们愿意并更有能力承担风险。

超长期的定义是什么呢？在资本市场上，长期资本是超过 12 个月的债务工具。而在我们看来，耐心资本的期限（适用于基础设施投资项目）或许为 10 年或以上的时间，这取决于"关系"的性质。对私募股权来说，期限可能为 5 年；对于风险投资，因为其到期日是按照惯例定义的，就可能为 7 年。而对于外商直接投资和未上市股权，期限可能会高于 10 年。对于国家或多边发展银行，期限一般长于 10 年（10～20 年）；它们大部分以债权的形式存在，少部分以股权的形式出现。因此，我们也称它们为超长期资本或者耐心资本。[②]

我们应该区分耐心资本和长期储蓄。那些愿意投资子女教育的父母、投资房地产或者为退休储备的公民都是长期储蓄的提供者。但只要企业家和机构有能力将长期储蓄转变为耐心资本，那之后谁又是耐心资本的提供者呢？我们认为这些提供者包括（国内和国外）直接投资者、企业家、风险资本家、国家养老基金、主权财富基金（SWFs）、所有的多边发展银行，以及一些由纳税人提供长期资金支持的国家发展银行或者发展基金（尽管国家发展银行和基金有不同的委托人和工具）。这其中也包括我们提出的全球结构转型基金（为基础设施和结构转型设立的一类多边发展基金，Lin 和 Wang 2013 年建议）。

表 1 基于 OECD "机构投资者和长期投资"项目提供了一套基础设施融资工具分类。该文覆盖的融资工具较为全面，包含所有债务和权益的形式以及政府和中介使用的风险减缓工具。我们随后也添加了一些来阐释耐心资本和它们的角色，显示它们作为基础设施融资工具的购买者/融资人。表 1 的第一部分是基于 OECD 的研究（2015），最后一列是我们添加的。

---

① 这个概念同 Justin Lin 和 Kevin Lu 的博客中"买入并持有"资金概念一致（Lu and Lin, 2013; Lin and Lu, 2014; Lin, Lu, Mandri - Perrott, 2015）。

② 长期倾向和耐心资本可以帮助理解为什么一些发展中国家（主要来自亚洲）长期向发达国家出口资本（"卢卡斯悖论"）。我们要在这点上感谢黄益平。

表 1 基础设施融资工具分类和耐心资本角色

资产目录	工具	基础设施项目	公司资产负债表	市场媒介	融资者/购买者
				资金池	耐心或不耐心资本
固定收入	债券	项目债券	公司债券、绿色债券	债券指数、债券基金、交易所买卖基金（ETFs）	所有参与者拥有耐心或不耐心资本
		市政、次主权债券			
		绿色债券、伊斯兰债券	次级债券		
	贷款	直接投资贷款、银团项目贷款、资源资助的基础设施贷款（RFI）	对基础公司的直接投资贷款、银团贷款、证券化贷款、资产支持证券（ABS）、担保贷款凭证（CLOs）	债券基金（GPS）、贷款指数、贷款基金	耐心资本：多边发展银行、双边捐助银行、投资银行、一些国家发展银行
混合	合成	夹层融资	可换股债券	夹层债券基金、混合债务基金	混合参与者
股权	上市	收益公司	上市基础设施和公共事业股票、限额基金、房地产信托投资基金（REITs）、IITs、MLPs	上市基础权益基金、指数、信托、交易所买卖基金（ETFs）	耐心资本：主权财富基金、养老基金和其他
	未上市	基础设施项目权益直接投资、政府与社会资本合作（PPP）	对基础公司权益的直接投资	未上市基础设施基金	耐心资本：主权财富基金、养老基金、企业家资本、拟议的全球结构转型基金（Lin and Wang，2013）

资料来源：根据 OECD（2015），最后一列和资源资助的基础设施贷款（RFI）由笔者添加（下加线标明）。我们将 RFI 贷款定义为"耐心"，因为它们有"无追索权"或"有限追索权"的特征。也就是说，相比在有完全"追索权"的贷款情形下，RFI 贷款的发行人会承担更多的风险。他们的行为更像是超长期股权投资者。

从表 1 中我们可以看到以下几个重要的特征：

首先，耐心资本高度取决于国内银行部门和机构投资者——这些部门和投资者可以将公民的长期储蓄转化为可贷基金；同时它们可以像偏好股权金融工具购买者一样提供服务。因此，如果成立国家发展银行或者商业和投资银行，机构投资者如国家主权财富基金、养老基金以及社会安全基金应该获得鼓励，因为它们对激活耐心资本为长期基础设施融资具有重要意义。

其次，如世界银行、地区发展银行等国际多边金融组织以及各国公共融资的发展银行或基金等在将国内公共储蓄转化为国际长期发展基金（耐心资本的一部分）中起到了至关重要的作用。因此，成立新的机构如亚洲基础设施投资银行和新开发银行，以及丝路基金和其他基础设施基金（比如我们提出的全球结构转变基金"Global Structural Transformation Fund"）应该受到欢迎和支持，而这些也将会是耐心基金的提供者（详见本文第六部分）。

再次，未上市的类股权工具和未上市的基础设施基金（这些不是很容易进行交易）非常适合做耐心资本的投资对象。我们应该创造更多类似的工具或者基金。它们相比短期债务工具更适用于基础设施，不易于频繁交易。而那些适用于非耐心资本（比如对冲基金）的短期债券工具的交易更加频繁。

最后，耐心资本与企业资本（直接投资）高度相关。因此，在以发展为目标的实体部门，新的理念、创新方法、世界知名品牌、风险承担和努力工作是将这些耐心资本转化为投资项目的重要因素。不论任何地方的政府都应该改善投资环境来吸引外商直接投资（FDI），同时使私有部门参与到对基础设施、经济特区、生态工业园、生态城市以及对"实际"部门或生产部门的直接投资中（通过 PPPI 或其他的方式）。

我们认为"国外净资产"也许可以作为一个输出资本显性比较优势的好指标。这里的国外净资产包括但不限于耐心资本。[①] 基于国家发展改革委的报告（Spence，2008），许多东亚国家以及包括日本、韩国、中国台湾、中国香港、中国和新加坡等国家和地区具备这些方面的比较优势。我们的假设是这些国家和地区的国外净资产或许高于那些没有充裕耐心资本的国家或地区。在图 1 中，我们看到国外净资产与长期倾向指数正向且显著相关。如果这个假设可以得到进一步研究并通过其他证据如净外商直接投资（流出减去流入）和跨境企业并购等得到证实，我们认为这些国家和地区在以上定义的耐心资本上拥有比较优势。另外，具有短期倾向和低储蓄率的国家将面临国外净资产状况恶化以及国外债务攀升的局面［正如 Mendoza 等（JPE，2009）所示］。

中国正在利用其耐心资本上的比较优势

之前的部分从总体上讨论了耐心资本，现在我们转为对特殊例子和案例的讨论。在所有中国价值的调查中，中国一直在长期导向上位于世界前五。许多东亚国家和地区比如日本、韩国、中国香港、中国台湾、印度尼西亚和新加坡等都在长期倾向指数上排名靠前。在这些国家和地区中，相比其他同等收入的

---

① 一国国外净资产头寸是国家拥有在外资产的价值减去国内外国人持有资产的价值。它反映了国家的负债情况。在世界银行 WDI 数据库中，国外净资产是货币当局和储蓄货币银行持有的国外资产的总和减去它们的对外负债。我们在这里应用世界银行的定义。

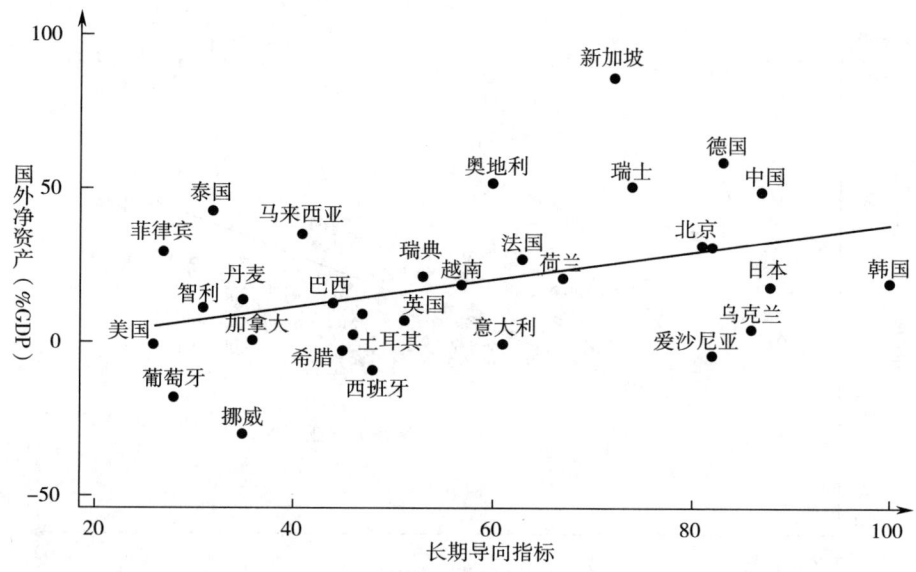

注：①回归结果：国外净资产（%GDP）=0.449×长期导向指数-6.995（P值=0.027）；

②国外净资产（%GDP）是2007年到2016年十年数据的平均值，相关数据来自世界银行WDI数据库。长期导向指数来自Hofstede等（2010），255~258页。

图1　国外净资产和长期导向

国家，基础设施投资状态更好且发展良好，说明至少具有耐心资本上的潜在比较优势。

但一个问题是，耐心资本在中国是潜在的还是显性的比较优势？在什么条件下，潜在的比较优势可以变成显性的比较优势？我们认为"国外净资产"是一个反映输出资本比较优势的好指标。在图2中，我们发现国外净资产与储蓄率正向且显著相关。而且，"目前，截至2015年，中国拥有约2.4万亿美元的国外净资产，位居世界第二，而日本为3.6万亿美元。国外净资产的增加体现在经常账户盈余。截至2015年的四年里，中国累计经常账户盈余总和达到1万亿美元，远远超过日本的2000亿美元。如果持续这样的趋势，通过简单的算法就可以知道中国将于2020年成为世界最大的净债权国"[Dollar，2016，第1页 China as A Global Investors（中国作为一个全球投资者）]。

在过去的20年里，德国、日本、韩国和新加坡就是通过投资当地基础设施同亚洲发展中国家以及非洲建立长期关系的很好的例子。中国一直在学习，并奋力追赶。这里我们认为中国也才开始利用其在耐心资本上的比较优势，帮助释放基础设施瓶颈，实现双赢。中国是一个后发国家——它只是最近才有能力将其潜在的比较优势变成显示性比较优势；可以从图3和图4看到这一个时间选择。图3表示对世界净外商直接投资供给，图4显示跨境企业并购（净值）。我们可以看到中国在这两个方面上是后发国家：在跨境企业并购方面，

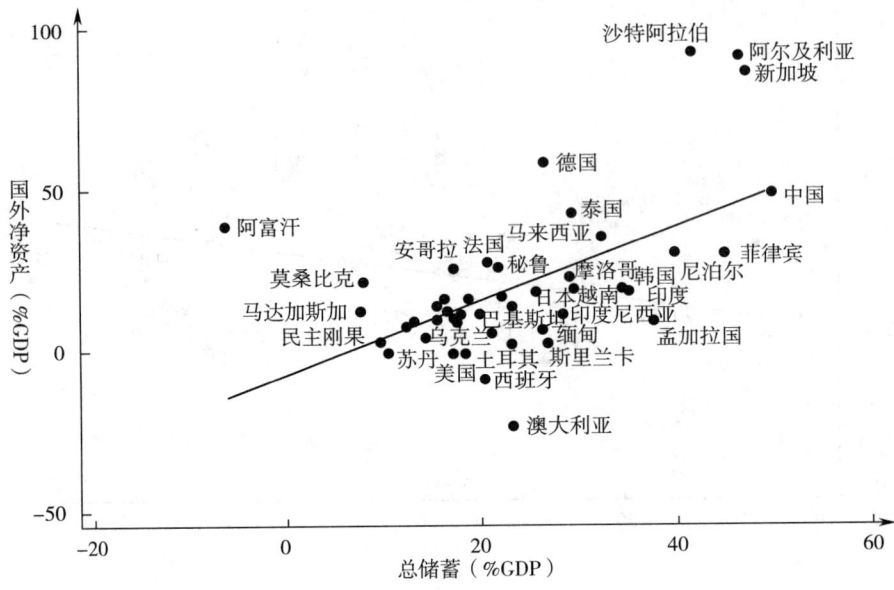

注：①回归结果：国外净资产（％GDP）＝1.152×储蓄率－7.568（P值＝0.000）；
②两个数据均是2007—2016年十年数据的平均值，相关数据来源于世界银行WDI数据库。

图2 国外净资产和储蓄率

中国从2008年开始成为一个净供给国；而在净外商直接投资方面（流出减去流入），中国仅仅开始追赶：在2015年，中国对外直接投资1456亿美元，仅仅超过其流入，但伴随更多企业"走出去"，中国的潜力会很大。

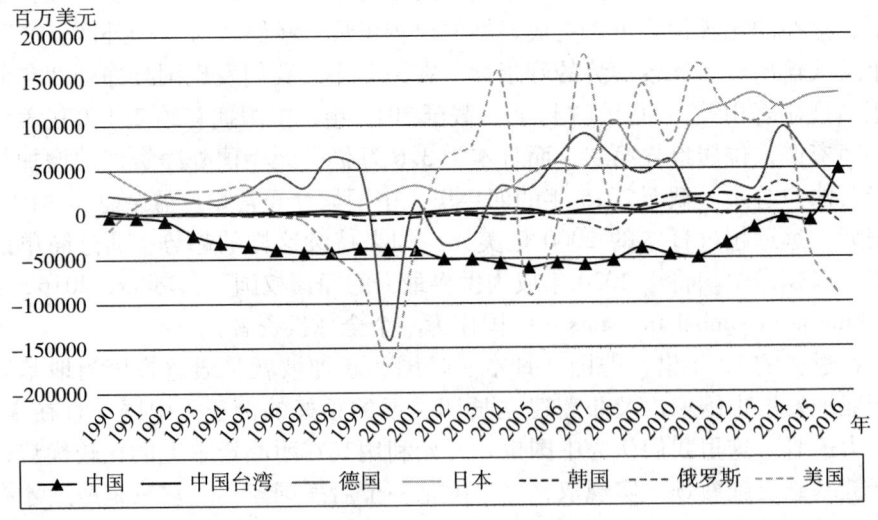

注：通过UNCTAD数据、FDI/MNC数据库计算得到；使用时间为2017年12月20日。

图3 对世界净FDI供给者：流出减去流入（1990—2016年）

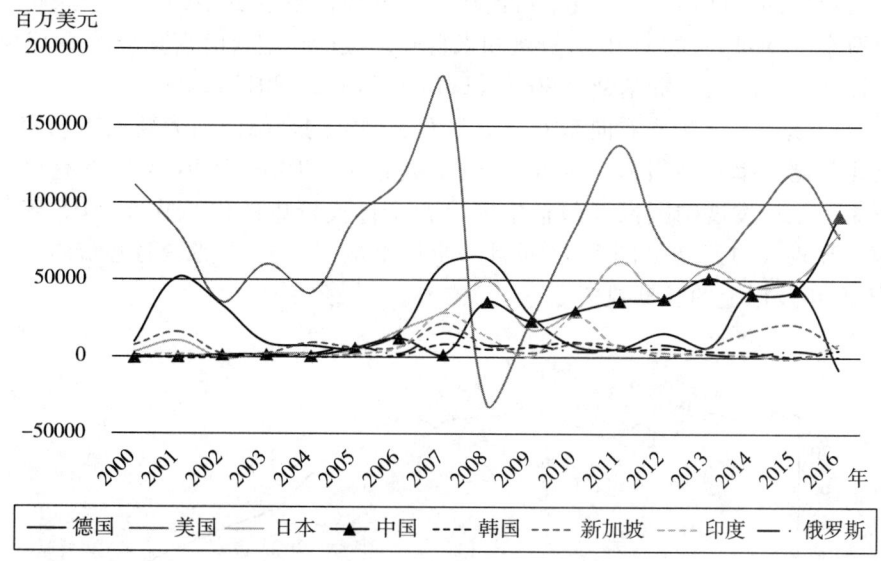

注：跨境并购价值基于净值计算如下：国内跨国公司（TNCs）对国外公司的购买－国内跨国公司对外国子公司的出售。可参看世界投资报告 Annex 表格 10。

资料来源：© UNCTAD 跨境并购数据库（www. unctad. org/fdistatistics）。

图4　跨境企业并购价值（净值）（2000—2016 年）

例一：中国和厄瓜多尔

除直接投资外，中国还通过中国进出口银行和国家开发银行提供大量的海外贷款。近年来，每家银行在海外贷款约 1000 亿美元（Dollar，2016，第 3 页）。不过本文的重点不在于探讨贷款数量，而是要解释背后的原因。

中国在厄瓜多尔的做法就是重视一个国家净值的长期变动，而非短期流动性［而国际货币基金组织和世界银行的债务可持续性框架（DSF）注重短期还债能力］。中国利用这些发展中国家价值被低估的资产作为抵押，提供大量优惠贷款和非优惠贷款用于基础设施投资，如建设水力发电厂以缓解电力瓶颈，这些都是很好的例子。从长远来看，这些中国资助的项目推动了其经济增长及就业，并创造了条件使厄瓜多尔（2008 年该国出现债务违约）于 2014 年重新进入国际资本市场（参看 Box 3.2，Lin 和 Wang，2017a，第 69 页）。

5. 广义的耐心资本及其数量

由于一些长期以来的捐助国受到 2015 年后沉重的债务负担和经济增长缓慢的制约，发展融资需要"超越援助"，将贸易、援助和投资结合起来。来自官方发展援助（ODA）① 的资金占比将相对下降，不过更多的资金会来自其他官方资金（OOF），如 OOF 类贷款和来自开发银行与主权财富基金的 OOF 类投资，以及新兴战略投资基金（SIF）（Lin and Wang，2017a）。

全球领导人正在"看向东方"寻找发展融资的来源，因为新兴市场和发展中国家的储蓄率要高得多，因此在未来十五年（2015—2030 年）将有更高的投资率。预计发展中国家（包括中国）在全球投资中的份额将在 2015 年及以后超过高收入国家（见图 5），而且一半以上的融资形式都是耐心资本——期限为 10 年及以上的长期投资。

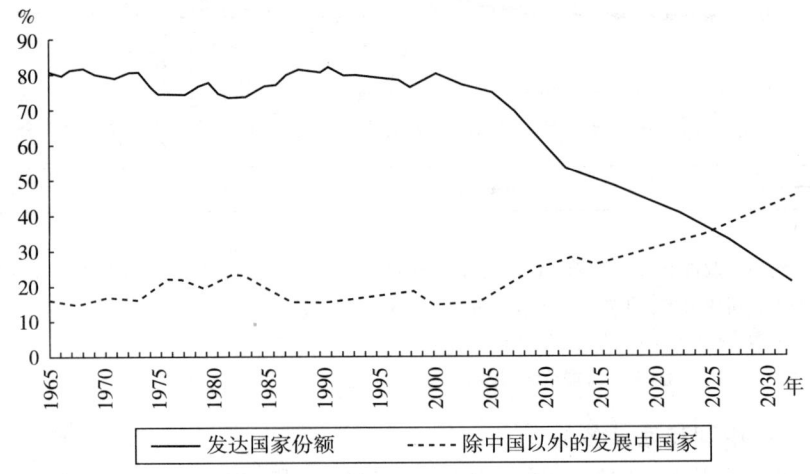

图 5　世界银行份额

如何估计不同资本流动中耐心资本的数量？根据联合国贸发会议 2017 年的数据，2016 年发展中经济体的外部融资总额为 1.4 万亿美元。这一数额大体上包括外商直接投资（45%）、汇款（28%）、官方发展援助（12%）、证券投资（9%）和其他投资（主要是银行贷款，6%）。在这些不同类型的投资中，外商直接投资是流入发展中国家的最稳定且最具抗周期性的投资。外资组合资金流多年来波动剧烈。

假设一半的银行贷款是长期贷款（贷款期限为 10 年或更长），那么 2016 年耐心资本流动的份额将占到发展中经济体外部融资总额的 60% 左右。这里我们假设大部分的外商证券投资是不耐心的（投资期限不到 10 年）。汇款可以为消费或投资提供资金，但没有消费或投资的相关信息。因此，我们在估算 2016 年耐心资本流动份额时只包括外商直接投资的份额（包括企业并购）、官方发

---

① 根据经合组织的定义，官方发展援助包括赠款或优惠贷款：（i）由官方部门承担；（ii）以促进经济发展和福利为主要目标；（iii）贷款需有"优惠的性质，并且至少有 25% 是赠款因素（以 10% 的贴现率计算）"。详见 www. oecd. org/dac/stats/officialdevelopmentassistancedefinitionandcoverage. htm。Lin 和 Wang（2014，2017a）建议拓宽该定义。

展援助和银行贷款的一半。Lin 和 Wang（2017b）认为流入发展中国家的外部融资总额的 60% 是耐心资本，这意味着每年可以在这些发展中国家投资 8400 亿美元。①（见图 6）

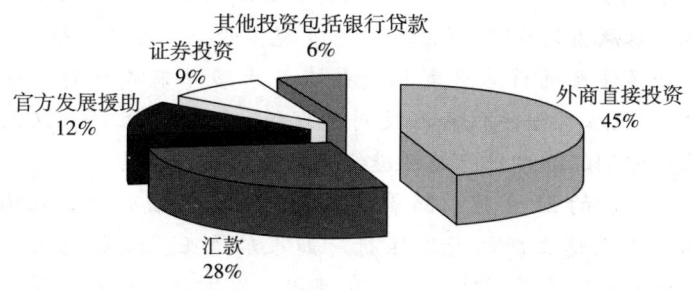

注：基于 UNCTAD 2017 报告第 13 页计算。

图 6　发展中经济体外部融资组成（总额 1.4 万亿美元，2016 年）

6. 现在正是推动建立更多开发银行和基金的时机

近 30 年来，国家开发银行的作用一直被忽视，部分原因是新自由主义和"华盛顿共识"带来的压力。由于国内问题以及总部设在华盛顿的国际金融组织带来的国际压力，许多国家开发银行被私有化或清算。根据美洲开发银行的估计，1987 年至 2003 年，250 多个国家开发银行实行了私有化，其他许多开发银行也进行了重组或清算（Olloqui，2013）。

一份世界银行问卷调查将开发银行定义为"拥有至少 30% 国有股权的银行或金融机构，该机构已获得明确的法定授权，以实现一个地区、部门或特定细分市场的社会经济目标"（Luna – Martinez J and Vicente C L，2012）。调查发现，在其涉及的 90 家开发银行中，有 39 家是在 1990 年至 2011 年建立的。它们在金融体系中的地位仍然重要，因为它们占全世界银行总资产的 25%（Luna – Martinez J and Vicente C L，2012）。

专栏：针对 90 家开发银行的问卷调查

从历史上看，对世界上几乎所有国家来说，开发银行（DBs）都一直是政府用来促进经济发展的重要工具，无论它们处于怎样的发展阶段。

特别是在新兴市场经济体中，开发银行是基础设施、住房和农业部门长

---

① 诚然，这些假设很简单，估计也较粗糙。要准确测量基于微观数据的耐心资本流动需要进一步研究。

期信贷、贷款担保和其他金融服务的主要来源。即使在一些发达国家,一些开发银行在为经济的"战略部门"提供金融服务方面也继续发挥着积极的作用。如德国复兴信贷银行、日本开发银行和加拿大商业发展银行。

我们从问卷涵盖的 90 家开发银行中发现了两个有趣的特征:

首先,问卷涉及的许多开发银行是在三十多年前成立的,目前仍在运营,尽管 20 世纪八九十年代存在反对开发银行的强烈批评。这表明大多数政府仍然认为它们的开发银行是促进经济增长的相关工具。

其次,在过去的 21 年里,随着世界各国政府对国有金融机构进行私有化,一些国家正在建立新的开发银行。如塞尔维亚、波斯尼亚和黑塞哥维那、马拉维和莫桑比克等国家。即使在英国,媒体最近也报道了建立一家新开发银行的计划。

典型的开发银行是由政府所有、管理和控制的机构。政府制定开发银行的战略方向,并任命其高级管理人员和董事会成员。虽然大约 74% 的开发银行是 100% 的国有机构,在另外 21% 的开发银行中,私营部门作为少数股东参与其运营,它们的占股比例在 1% 到 49% 之间。如马来西亚信贷担保公司、科特迪瓦住房银行和哥伦比亚农业发展银行。

针对其商业运营,开发银行有不同的融资选择,包括(1)吸引公众存款;(2)从其他金融机构借款;(3)在国内或国际资本市场筹款;(4)使用其自身股本;(5)接受政府的预算拨款。大多数开发银行会混合利用所有这些融资选择。

问卷中还询问了开发银行向客户提供的贷款产品的类型。如图 1 所示,开发银行提供的大部分贷款是长期贷款(90%),其次是流动资金贷款(85%),而银团贷款占所有开发银行贷款的 52%,无担保贷款占 25%。问卷调查了开发银行向客户提供的长期贷款的最长期限。只有 13% 的开发银行提供还款期限在 20 年以上的贷款,而大多数开发银行贷款的最长期限不到 20 年。

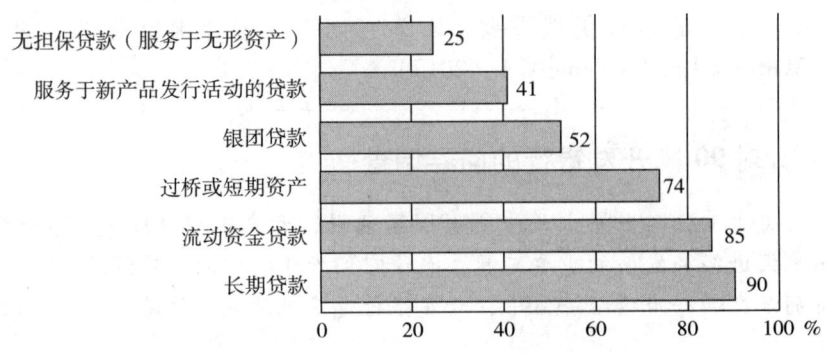

资料来源:Luna－Martinez J 和 Vicente C L(2012)。

专图 1　开发银行的贷款产品

我们认为，开发银行和发展基金是调动和利用耐心资本的重要机构，在结构转型中起着重要作用。上述证据表明，开发银行可以调动政府以及私营部门和公众的积蓄，并将其用于长期贷款项目。开发银行提供的大部分贷款是长期贷款（90%）。这些开发银行是耐心资本的调动者、管理者和中转者，并将其引入长期基础设施和转型项目中。令人惊讶的是，有13%的开发银行提供贷款期限超过20年的贷款，而大多数的开发银行最长的贷款期限不到20年。耐心资本增加的证据还有日益增长的主权财富基金（SWFs），以及在哈萨克斯坦、马来西亚、墨西哥、摩洛哥、尼日利亚、菲律宾、塞内加尔、南非和越南等国建立的政府扶持的"战略投资基金"（SIFs）（Halland等，2016）。多边战略投资基金的数量也在增加，包括那些为基础设施建设成立的多边战略投资基金（MSIFs）。世界银行最近利用国际开发协会的资金建立了一个新的私营部门窗口，由国际金融公司实施。实质上是运用各国政府提供的援助资金撬动私营部门资金支持私营部门的发展（援助与投资相结合，类似中国式的发展合作方式）。

在目前情况下，为实现可持续发展目标和应对气候变化需要更多的开发银行/发展基金。凑巧的是，我们两人在不同的场合提出：

（1）成立粤港澳多边开发银行，为大湾区的发展提供资金，以克服"一国两制"和三地不同的金融法规所带来的问题（2017年11月17日至19日，王燕在广州国际金融论坛年会上的演讲）；

（2）发达国家应建立绿色基金，激励发展中国家采用绿色技术以应对气候变化（林毅夫在2017年12月10日接受新华社采访时所说）。

这两个建议都是基于一种迫切需要，那就是需要更多的耐心资本为发展中地区的可持续发展提供资金。在我们看来，没有发展金融机构（开发银行和发展基金）的增加，就不可能从发展中国家调动更多的长期融资。

未来前景：随着中国的国民收入和财政收入的持续增长，发展融资的数量将大幅上升，2015—2016年将接近1000亿美元（包括赠款、优惠贷款和出口买方信贷，以及向丝路基金、亚洲基础设施投资银行、金砖国家开发银行和其他多边银行缴纳的资金）。这从中国最近在中非合作论坛、第21届联合国气候变化大会和"一带一路"国际合作高峰论坛上所做的承诺中可以看出来。

中国将逐渐承担更多责任，探索其在全球事务中的新角色。其官方发展援助占国民总收入（GNI）的份额有可能从目前的0.1%增长到0.3%。① 这意味着官方援助的大幅增加——当然这还取决于官方发展援助或其他官方流动或发展融资的定义。

但是，增长的速度取决于发展机构（国家或多边性的开发银行和发展基金）。中国试图建立"适当"的平台为全球发展作出自己的贡献，其中包括建

---

① 美国和日本的 ODA／GNI 指标约为 0.3%。经合组织国家发展援助委员会规定的水平是国民总收入的0.7%。但是，中国仍然是一个发展中国家，其人均国内生产总值只有9000美元左右。

立亚洲基础设施投资银行和其他多边机构，如金砖国家开发银行、丝路基金、中非合作论坛、非洲发展基金。现在需要各国建立更多的开发银行和发展基金来增加竞争。

最近的一项研究列出了中国为发展目标建立的一些基金（Gottschalk and Poon，2017）：

表2   中国已知的国家级的、双边的、多边的发展基金

	名称	成立时间	基金规模（亿美元）	中国投资者	非中国投资者
1	中非发展基金	2007年	100	国家开发银行（CDB）	—
2	中国—东盟投资合作基金	2013年	100	中国进出口银行	
3	中国—中东欧投资合作基金	2013年	10	中国进出口银行	匈牙利进出口银行
4	丝路基金（SRF）	2014年	400	国家外汇管理局、中华保险、中国进出口银行、国家开发银行	—
	中国—哈萨克斯坦产能合作基金	2015年	20	丝路基金	
5	中拉合作基金（私募股权基金）	2015年	30	中国进出口银行	—
6	中拉产能合作投资基金（CLAIFUND）	2015年	100	国家外汇管理局、国家开发银行	
	中国—巴西产能合作投资基金	2017年	200	中拉产能合作投资基金和中国机构（150亿美元）	巴西开发银行、巴西联邦储蓄银行（50亿美元）
7	中非产能合作投资基金	2016年	100	国家外汇管理局、中国进出口银行	
8	中俄区域发展投资基金	2017年	154	国家发展改革委（NDRC）	
	总计		994		

资料来源：Gottschalk 和 Poon（2017），第20页。

"一带一路"倡议（BRI）是中国在全球经济中扮演新角色的适当平台。这一倡议体现了借鉴中国儒家思想的中国领导人以共享繁荣为指导的世界秩序愿景、"求同存异，和平共处"的思想以及他们致力于全球公共产品供应、和平与安全、可持续发展的承诺。

尤其是中国的对外直接投资在 2016 年已经飙升至 1830 亿美元以上，高于其他所有新兴市场经济体，仅次于美国，其中大部分投资的形式都是"耐心资本"（见图 7）。

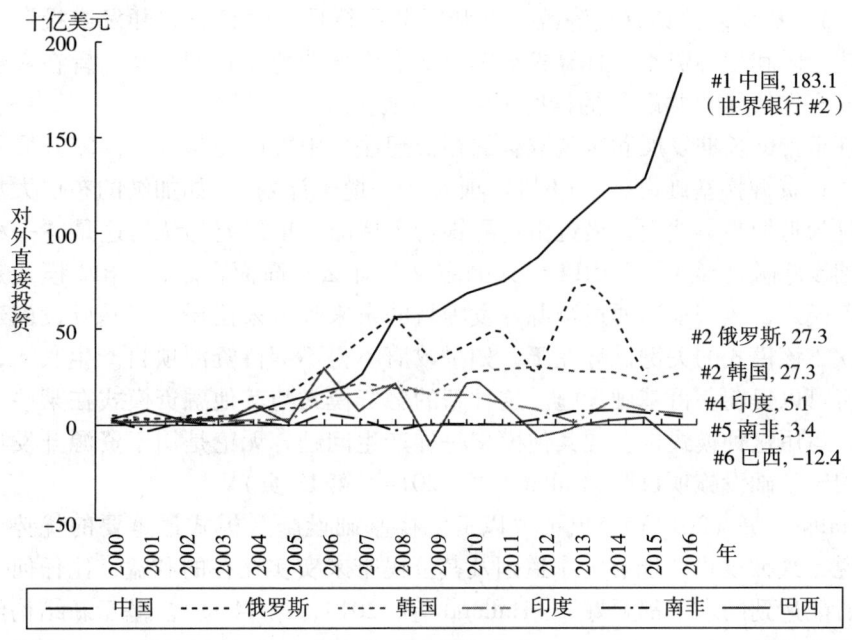

资料来源：联合国贸发会议有关外商直接投资的统计数据。

图 7　对外直接投资（2000—2016 年）

7. 超越"狭窄框架"、绿包和其他项目

2017 年诺贝尔经济学奖得主理查德·萨勒（Richard H. Thaler）在其所著的《"错误"的行为》一书中说，经济学家和从业者需要克服"狭窄框架"问题：狭窄框架让 CEO 没能获得他想要的 23 个项目，反而只获得了三个。当公司广泛地把这 23 个项目看作一个投资组合时，很显然，公司会发现这一投资组合极具吸引力，但是当公司狭隘地一个一个地考虑单个投资项目时，管理者便不愿承担风险。最后的结局是公司承担的风险过少。解决这个问题的一个办法就是把投资集中到一个资金池中，在这个资金池中投资项目可以被视为一个投资组合（Thaler，2015，第 189 页）。我们认为世界银行正被"狭窄框架"所困扰，其承担的风险过少。

超越"狭窄框架"是海外投资成功的关键。中国自 20 世纪 90 年代末从国家开发银行的芜湖项目开始，用聪明的方式打包基础设施项目发展其产能。在芜湖项目中，国家开发银行将芜湖地区六个贷款项目（一些是绿色项目，一些

是非绿色项目，一些有利可图，一些无利可图）结合起来，促进了该地区的整体可持续发展。这个例子说明，许多国家和地区的项目集群可以合并成一个不同基础设施项目的组合（即一揽子项目，其中一些项目收入较高，另一些则没有收入），从而使其具有经济盈利性和财务可行性。这只有在开发或投资银行有长期导向和耐心资本，且寻求与客户或合作伙伴建立长期关系，旨在实现与客户或合作伙伴"共赢"的情况下才有可能实现。

基于帮助长期发展和实现双赢的相似想法，中国已经与非洲国家开展了一系列"以资源换基础设施"（RFI）项目（一揽子计划），如加纳的布伊大坝以可可豆为抵押品。然而，最近由世界银行主持的一项研究却认为这是"一种新的基础设施融资形式"。[①] RFI 模式的定义是什么？简而言之，"RFI 模式是一种融资模式，政府承诺通过资源开发项目的未来收入来偿还用于基础设施建设的贷款。该模式的关键优势在于，如果政府不得不等待资源项目产生收入，那么政府可以提前获得基础设施。这种新的融资模式与其他融资模式在某些方面相似，运用这种模式也会像其他模型一样产生问题，无论是用于资源开发项目还是用于基础设施项目"（Halland 等，2014，第 13 页）。

Halland 等（2014）突出了"以资源换基础设施"模式最重要的优势，也就是说，这种模式"能够为东道国及其公民带来实实在在的利益，比任何其他模式所能达到的水平都要好"（Halland 等，2014，第 14 页）。基于新结构经济学的理论基础（Lin，2012a），我们通过强调 RFI 概念的结构方面，特别是关注其有利于借款人的"无追索权"或"有限追索权"贷款的特征，讨论了这种 RFI 方法的优点：降低交易成本，减少货币错配和成熟度错配，鼓励空间集中/集聚；以及缺点：与政治经济相关的风险和透明度问题。我们明确指出："对过去的 RFI 项目的透明度问题有合理的关注。我们强烈支持采掘业透明度倡议（EITI）中关于道德、政治以及风险管理原则……我们认为，任何在暗箱中谈判的'交易'——没有一般公众的支持如果政府发生变化，可能会被撤销或重新谈判"。应该牢记历史教训。

事后看来，我们在这里强调，这些 RFI 一揽子计划实际上是将公共或半公共基础设施打包起来，让它们对有耐心资本的长期私人投资者具有吸引力的一种聪明的办法，这些投资者希望项目在长期（10 年或更长时间）有一个不错的回报率。"无追索权"或"有限追索权"的 RFI 一揽子计划具有对借款人有利的特点：相比于全追索担保贷款，贷款人承担了更高的风险。贷款人在 RFI 贷款中提供的这种独特的"保险"服务需要得到发展界的充分认可并反映到定价中去，否则他们将不愿再提供这种服务。那么应该因为这项保险服务而收取高额的费用吗？这个问题值得我们进一步研究。

---

① Havard Halland et al. Resource Financed Infrastructure：A Discussion on a New Form of Infrastructure Financing，World Bank，2014.

打包公共基础设施和私营服务的能力是海外合作成功的关键制度因素之一，非洲几个成功的案例表明了这一点，这些案例包括但不限于在埃塞俄比亚东部工业园区的制鞋企业华坚集团和与工业园相关的基础设施投资（世界银行2012；Lin and Wang，2017）。

8. 结　语

全球领导人和国际发展界（多边和双边捐助者）正在向东方寻求新思路、新动力和新融资。在本文中，我们探讨了耐心资本在结构转型和基础设施融资中的作用，这是一个值得今后研究的新课题，我们还提出在世界各地建立更多的开发银行，以更好地调动和利用耐心资本。我们试图表明，有长期导向（LTO）的成功国家可能将耐心资本中的潜在比较优势转化为明显的优势，就像中国正在做的那样。中国在基础设施和制造业部门的海外投资不断增加，超过了流入的外商投资，就是一个迹象。目前，大量的耐心资本已经被用来为中国国内的项目提供资金。随着中国资本账户的逐步开放，越来越多的耐心资本将随着更多的企业和银行"走出去"而被出口到国外。耐心资本往往伴随着技术、管理技能和实施能力，其出口将对全球连通性和发展产生重大影响。用国外净资产作为一个不完善的衡量标准，"中国很可能在未来几年内成为世界上最大的净债权人"①，这些海外净资产的一部分其实就是耐心资本（见表1的分类标准），它们适用于基础设施、制造业和创造就业机会。

国际发展有双向学习的过程。中国需要像过去38年一样，通过聆听南北方、东西方合作伙伴的要求，并与政府、非政府组织和民间团体进行互动，来不断学习，成为一个更好的发展伙伴。中国在提供有关国际发展融资和活动的准确数据方面需要更加开放和透明。我们认为，在暗箱中进行的任何交易在未来都更有可能会被客户国的下届政府撤销或重新谈判。因此，必须考虑到政治经济动态。另外，既有的多边发展机构也可以借鉴中国的经验：它们需要超越援助，把援助、贸易和投资结合起来，需要支持更多的国家和地区开发银行和发展基金，也需要超越导致承担风险过少的"狭窄框架"。

近些年来，亚洲基础设施投资银行、金砖国家开发银行和丝路基金等新的多边或地区性开发银行和发展基金以及其他基础设施或主权基金的出现令人鼓舞，因为它们是耐心资本的供应者，为世界经济发展提供了正能量和动力。在多极世界，拥有多极发展机构和不同的多边开发银行和发展基金似乎是不可避免的。中国最近关注新多边主义对全球经济有利。我们谨慎乐观地认为，南北双方的合作伙伴可找到了共同点，并共同致力于寻找实现可持续发展和世界和

---

① Dollar，2016，第1页。

平的"双赢"解决方案。

致 谢

感谢贲圣林、Richard Kozul – Wright、Havard Holland、黄益平、Basant Kapur、梁国勇、刘志、Daniel Poon、王勇、徐佳君、徐奇渊、曾智华、翟凡、张晓波的建议，以及陈春旭、陈琦、张丰提供的研究助理以及翻译。

参考文献

［1］ Bai CE, Hsieh CT and Qian Y. *The Return to Capital in China* ［D］. NBER Working Paper No. 12755, 2006.

［2］ Broner F and Ventura J. *Rethinking the Effects of Financial Globalization* ［J］. *Quarterly Journal of Economics*, 2016, 131(3): 1497 – 1542. doi: 10. 1093/ qje/qjw010.

［3］ Canning D and Bennathan E. *The Social Rate of Return on Infrastructure Investments* ［D］. World Bank Working Papers WPS 2390, 2000.

［4］ Chandra V, Lin J L and Wang Y. *Leading Dragons Phenomenon: New Opportunities for Catch – Up in Low – Income countries* ［D］. WB Policy Research Working Paper 6000, 2012.

［5］ Chen C. *South – South Cooperation in Infrastructure in Sub – Saharan Africa* ［D］. Working Paper for ECOSOC, 2013.

［6］ Dollar, David. China as a Global Investor ［A］. Brookings Institution. https: // www. brookings. edu/···/China – as – a – Global – Investor. (accessed May, 2017) Estache A (2011). *Infrastructure Finance in Developing Countries: An Overview* ［M］. EIB publication. 33, 2016.

［7］ Foster V and Brice – Garmendia C. *Africa's Infrastructure: A time for transformation* ［M］. The World Bank, Washington DC, 2010.

［8］ Galor O and Özak. The Agricultural Origins of Time Preference ［J］. *American Economics Review*, 2016, 106 (10): 3064 – 3103. doi: 10. 1257/aer. 20150020.

［9］ Gou Q, Yiping H and Jianguo X. Capital account liberalization and economic growth revisited: Different effects of inflow and outflow liberalization ［D］. Working Paper National School of Development, Peking University.

［10］ Gottschalk, Ricardo, and Daniel Poon. Scaling up Finance for SDGs: Experimenting with models of Multilateral Development Banking ［D］. Background paper for the Intergovernmental Group of Experts on Financing for Development meeting at the United Nations Conference on Trade and Development (UNCTAD), 8 – 10 Novermber 2017, Geneva.

[11] Halland H, John B, Bryan L, et al. Resource Financed Infrastructure: A discussion on a new form of infrastructure financing [M]. The World Bank, Washington DC, 2014.

[12] Hofstede G. Cultures and Organizations: Software of the Mind [M]. McGraw – Hill, London, 1991.

[13] Hofstede G, Gert J H and Michael M. *Cultures and Organizations: Software of the Mind* [A] //Revised and Expanded 3rd Edition [M]. New York: McGraw – Hill USA, 2010.

[14] IMF. World Economic Outlook, Chapter 3 on Infrastructure, Washington DC. www. imf. org/external/pubs/ft/weo/2014/02/pdf/c3. pdf (accessed).

[15] Ju J, Lin J F and Wang Y. Endowment Structures, Industrial Dynamics, and Economic Growth [J]. *Journal of Monetary Economics*, 2015 (76): 244 – 263. doi: 10. 1016/j. jmoneco. 2015. 09. 006.

[16] Kapur B. Global Financial Imbalances and Endogenous Growth in a North – South Setting [D]. Working Paper, National University of Singapore, 2016.

[17] Kose A, Eswar P, Kenneth R, et al. Financial Globalization: A Reappraisal [J]. *IMF Staff Papers*, 2009, 56 (1): 8 – 62. doi: 10. 1057/imf-sp. 2008. 36.

[18] Kukharskyy B. Relational Contracts and Global Sourcing [J]. *Journal of International Economics*, 2016, 101: 123 – 147. doi: 10. 1016/j. jinteco. 2016. 04. 002.

[19] Lin J Y. Beyond Keynesianism: The Necessity of a Globally Coordinated Solution [J]. *Harvard International Review*, 2009, 31 (2): 14 – 17.

[20] Lin J Y. New Structural Economics: A Framework for Rethinking Development [D]. Policy Research Working Paper 5197, World Bank, Washington, DC, 2010.

[21] Lin J Y. New Structural Economics: A Framework for Rethinking Development [J]. *World Bank Research Observer*, 2011a, 26 (2): 193 – 221. doi: 10. 1093/wbro/lkr007.

[22] Lin J Y. Global Crisis Requires Global Solutions [D]. Speech prepared for the Council on Foreign Relations, New York (February 28), 2011b.

[23] Lin J Y. A Pro – Growth Response to the Crisis [J]. *Intereconomics: Review of European Economic Policy*, 2011c, 46 (6): 321 – 326. 34.

[24] Lin J Y. Growth Identification and Facilitation: The Role of the State in the Dynamics of Structural Change [J]. *Development Policy Review*, 2011d, 29

(3）: 264 – 290.

[25] Lin J Y. *The Quest for Prosperity: How Developing Economies Can Take Off* [M]. Princeton, NJ: Princeton University Press, 2012a.

[26] Lin J Y. *New Structural Economics: A Framework for Rethinking Development and Policy* [M] . Washington, DC: World Bank, 2012b.

[27] Lin J Y. Building Infrastructure for a Brighter Future: How infrastructure investment initiative can generate growth and create jobs in the developed world [D]. *Article for Foreign Policy*, 2012c.

[28] Lin J Y. *Against the Consensus: Reflections on the Great Recession* [M]. Cambridge, UK: Cambridge University Press, 2013.

[29] Lin J Y. The Washington Consensus revisited: A new structural economics perspective [J] . *Journal of Economic Policy Reform*, 2015a, 18 (2): 96 – 113. doi: 10. 1080/17487870. 2014. 936439.

[30] Lin J Y. Why I Do Not Support Complete Capital Account Liberalization [J]. *China Economic Journal*, 2015b, 8 (1): 86 – 93. doi: 10. 1080/17538963. 2015. 1002178.

[31] Lin J Y and Lu, Kevin. Infrastructure's Class of Its Own [D] . *Project Syndicate*. https: //www. project – syndicate. org/commentary/justin – yifu – lin – and – kevin – luargue – that—to – attract – private – investment—infrastructure – must – be – redefined – asa – new – asset – class? barrier = accessreg (accessed) .

[32] Lin, J Y. , and C. Monga. Growth Identification and Facilitation: The Role of the State in the Dynamics of Structural Change [J] . *Development Policy Review*, 2011, 29 (3): 264 – 90.

[33] Lin J Y and Wang Y. Beyond the Marshall Plan: The Global Structural Transformation Fund (GSTF) [R] . A paper for the UN's Post – 2015 development agenda, May 2013. http: //www. post2015hlp. org/wpcontent/uploads/2013/05/Lin – Wang_ Beyond – the – Marshall – Plan – A – Global – Structural – Transformation – Fund. pdf (accessed) .

[34] Lin J Y and Wang Y. "Comments" in Halland, Havard, John Beardsworth, Bryan Land, and James Schmidt. Resource Financed Infrastructure: a discussion on a new form of infrastructure financing. The World Bank, Washington DC, 2014: 75 – 78.

[35] Lin, J Y and Wang Y. *Going Beyond Aid: Development Cooperation for Structural Transformation* [M] . Cambridge University Press. doi: 10. 1017/9781316597354, 2017.

[36] Lin J Y, Lu K and Cledan MP. New Equities for Infrastructure Investment [D].

Project Syndicate. https：//www. projectsyndicate. org/commentary/infrastructure – investment – asset – class – by – justin – yifulin – et – al – 2015 – 03? barrier = accessreg（accessed）. 35.

[37] Lu，K and Lin J Y. To Finance the World's Infrastructure，We Need a New Asset Class ［D］. *The World Post，A Partnership of the Hufftong Post and Berggruen Institute* http：//www. huffingtonpost. com/kevin – lu/world – bank – globalinfrastructure – facility_ b_ 4078840. html（accessed），2013.

[38] Luna – Martinez J and Vicente C L. Global Survey of Development Banks ［D］. World Bank Policy Research Working Paper 5969，WPS5969. February，2012.

[39] Mendoza E G，Quadrini V，Rios – Rull J V. Financial Integration，Financial Development，and Global Imbalances ［J］. *Journal of Political Economy*，2009，117（3）：371 – 416.

[40] OECD. *Infrastructure Financing Instruments and Incentives* ［D］. The project is under Secretary General of the OECD. Paris，2015.

[41] Olloqui F，ed. Bancos Publicos de Desarrollo：Hacia un Nuevo Paradigma? ［M］. Banco Interamericano de Desarrollo. Washington，D. C，2013.

[42] Ostry，Jonathan，Prakash Loungani，and Davide Furceri. Neoliberalism Oversold? ［J］. Finance and Development June 2016，53（2）. http：//www. imf. org/external/pubs/ft/fandd/2016/06/ostry. htm.

[43] Peterson，George E. *Unlocking Land Values to Finance Urban Infrastructure：Land – based financing options for cities* ［M］. Trends and Policy Options Series，Washington DC，2008. doi：10. 1596/978 – 0 – 8213 – 7709 – 3.

[44] Spence M. The Growth Report：Principal Findings and Recommendations ［R］. 2008.

[45] Stiglitz J E. A Nobel Laureate Explains How Trump Could Nuke the Economy ［R］. Vanity Fair. http：//www. vanityfair. com/news/2016/12/a – nobel-laureate – explains – how – trump – could – nuke – the – economy（accessed December 27，2016）.

[46] Summers，Lawrence H. Rethinking Global Development Policy for the 21st Century ［R］. Speech at the Center for Global Development，November 8 2017. At https：//www. cgdev. org/sites/default/files/Rethinking – Global – Development – Policy – for – 21st – Century. pdf（accessed Nov. 30 2017）.

[47] Thaler，Richard H. Misbehaving：The Making of Behavioral Economics ［M］. Norton，2015.

[48] UNCTAD，The Role of Development Banks in Promoting Growth and Sustainable Development in the South ［M］. Geneva，Switzerland，2016.

[49] Wang Y. *Infrastructure: The Foundation for Growth and Poverty Reduction: A Synthesis* [D] . Chapter III in *Volume II, Economic Transformation and Poverty* 36 *Reduction: How it happened in China, helping it happen in Africa,* China – OECD/DAC Study Group, 2011.

[50] World Bank. *Global Economic Prospects: Uncertainties and Vulnerabilities* [M]. The World Bank, Washington, DC, 2012.

[51] World Bank. *Chinese FDI in Ethiopia* [D] . A World Bank Survey, 2012.

[52] World Bank. *Supporting Infrastructure Development in Low – Income Countries* [M]. The World Bank, Washington, DC, 2011.

[53] Xinhua. Xi suggests China, C. Asia build Silk Road economic belt [R]. September 7, 2013.

[54] Xu Q Y. CDB: Born Bankrupt, Born Shaper [D] . Working Paper. Chinese Academy of Social Sciences, December, 2016.

[55] Zeng D Z. *An Assessment of Six Economic Zones in Nigeria, in Farole, Thomas, Special Economic Zones in Africa: Comparing Performance and Learning from Global Experience* [M] . The World Bank, Washington DC, 2010.

中 国 金 融 学

China Journal of Finance

增值税改革对中国经济影响的综合研究

俞　乔[①]　范　为[②]　柳海军[③]　曹胜熙[④]

摘　要　增值税转型改革是我国近年来一项重大的财政税收改革举措。本文研究我国实施增值税转型之后对宏观经济产生的全面影响。事后评价与实证结果表明，增值税转型改革对宏观经济活动的积极效应和消极效应并存。该政策的主要影响有以下几点：它直接降低了企业税负水平，累计减税总额达到 7827 亿元，并基本消除了重复征税；然而，由于地方政府收入下降，该政策引起了局部地区的"税退费进"现象；它还一定程度上刺激了投资增长，全面转型当年拉动我国投资增长约 1255 亿元，但此项举措对投资的拉动效果呈现出"脉冲效应"，不具有持续性；此外，它扭曲了资本与劳动的相对价格，减少约 377 万个就业岗位。

关键词　增值税转型　财政收入　固定投资　就业岗位

1. 引　言

税收作为财政收入的主要来源，是一国政府赖以正常运行的经济基础。同时，税收调整作为财政政策的核心部分，还是调节宏观经济运行的重要工具。然而，它是一把"双刃剑"，利弊同在，得失共存；运用得当与否，关系到宏观经济发展和社会稳定的大局。在进行重要的税收政策调整时，不仅要考虑到对财政收入的作用，还要综合考虑到对宏观经济的全面影响。近年来我国由生产型增值税向消费型增值税全面转型就属于重大的税收调整政策。对这一政策效果的事后研究将为我国未来财税体制改革提供重要的理论与实践依据。

增值税是我国第一大税种，在保障政府财政收入、调节社会经济发展中发挥着关键的作用。众所周知，增值税分为三种类型：生产型、收入型和消费型，其中生产型增值税对所有生产要素无差别地征税，对固定资产投入没有任何抵扣；收入型增值税允许按固定资产投入的折旧分期抵扣；消费型增值税则

---

① 俞乔，清华大学公共管理学院教授，公共政策研究所所长。通讯地址：北京市海淀区清华大学公共管理学院。邮编：100084，E‐mail：qiaoyu@ tsinghua. edu. cn。

② 范为，申万宏源证券有限公司固定收益融资总部总监，清华大学公共管理学院博士后，清华大学/北京大学硕士生兼职导师。

③ 柳海军，工作单位为中国建设银行内蒙古分行。

④ 曹胜熙，清华大学公共管理学院博士研究生。研究方向为经济发展与政策。

允许企业购进固定资产时一次性完全抵扣。我国于 1979 年开始增值税制度试点，1994 年在全国范围内实施生产型增值税制度，经过多年运行基本上达到了稳定国家财政收入的目标。但是，由于生产型增值税制度存在固有弊病，目前已被世界上大多数国家放弃。

增值税制度转型问题一直是各界关注的焦点。由于增值税在我国税收体系中的核心作用，政府对生产型增值税向消费型增值税转型的改革一直采取比较谨慎的态度，虽然在 1998 年和 2002 年两度出现转型趋势，但最终因多种原因而导致方案搁浅。我国政府于 2004 年首先在东北开始增值税转型试点，2007 年将试点地区扩大到中部省份。此后，增值税改革在全国范围内展开，2008 年12 月，财政部、国家税务总局发出《关于全国实施增值税转型改革若干问题的通知》（财税〔2008〕170 号），决定从 2009 年 1 月 1 日起，在全国范围内开展增值税转型改革。此税制改革标志着我国由生产型增值税向消费型增值税全面转型，其目的是消除重复征税，还原税收中性，减轻企业税负，刺激投资增长，带动就业。但是，该税制改革能否达到这些预先目标？它对经济活动将产生哪些实际影响？这些重要问题只有在这一政策实施并运行一段时间后，方能就其实际效果进行事后分析并为进一步深化改革、完善我国财税体制提供参考。这正是本文的研究目的。

本文其余部分安排如下：第二部分为文献回顾；第三部分是增值税转型的理论逻辑分析；第四部分研究增值税转型对财政税收、投资及就业的实际影响；第五部为结论及相关建议。

2. 文献回顾

20 世纪初期，Admas（1917）最早提出关于增值税的相关理论，认为对产品增值部分征税的效果要好于仅对会计利润征税，由此开启了关于增值税的研究。随着增值税政策在各国实施，学术界对其影响进行了广泛的讨论。

例如，Feldstein（1976）认为，相对于所得税而言，增值税消除了因储蓄收益率降低而导致的消费选择行为扭曲效应，对经济发展有促进作用。Burgess 和 Stern（1993）指出，增值税具有税收中性，避免了其他间接税制重复征税所造成的低效率，且增值税变化不会影响企业的产量决策，是促进经济增长的手段。而 Krauss 和 Bird（1971）则认为，增值税虽然简洁且应用广泛，但在收入分配上具有累退效应，其经济效率优势并不显著。Snin（1988）就增值税税收中性进行了研究，结果表明：由于消费型增值税仍将劳动工资作为计税依据，因此，在鼓励资本和科技投入的同时对劳动就业会产生负面效应，从而影响投资决策，所以消费型增值税并非完全中性。Aizenman 和 Jinjarak（2009）通过对 143 个引进了增值税的国家进行实证分析，指出增值税在影响收入分配方面的累进性和累退性因国而异，但至少增值税的引入显著增强了一国税收系统的有效性。

近年来，国内对增值税政策也有不少研究。郑军和杨咏梅（2004）认为消费型增值税会减轻企业税负，鼓励企业进行设备更新与技术改造，从而有利于促进产业升级，特别是对资本密集型行业而言，这种促进作用更为突出。李举达（2004）指出向消费型增值税转型虽然会导致财政暂时减收，但可以减轻企业税负、促进企业投资，提高企业利润，使企业所得税等收入逐年增加进而抵消财政减收风险。而杨震和刘丽敏（2005）就增值税转型对政府收入的影响进行了实证分析，结果表明地方政府的财政支出具有刚性，增值税转型会造成地方政府局部财政困难，要谨慎对待针对地方政府财政收入的配套政策，避免出现"税退费进"现象。陈烨等（2010）运用可计算一般均衡模型（CGE模型）就我国增值税转型政策对就业的影响进行了事前预测，认为增值税转型会扭曲资本与劳动的相对价格，对实际GDP的刺激非常有限，并预测可能造成444万人的新增失业。

此外，聂辉华等（2009）用东北地区实行增值税转型试点的数据，探讨了增值税转型政策对企业固定资产投资、雇佣和研发行为以及生产率的影响，认为增值税转型显著地促进了企业对固定资产的投资，提高了企业的资本劳动比和生产率，但企业效率的提高主要是通过用资本替代劳动的方式，而不是通过自主技术创新的方式。万华林等（2012）研究了增值税改革对企业的影响，发现增值税转型对投资存在补贴的正面效应和所得税的负面效应，并且前者大于后者，在整体上增加了公司投资价值。陈丽霖和廖恒（2013）的研究表明，增值税转型促进了企业生产效率的提升，政策效应呈逐年显现的状态，并且对非国企的效果大于国有企业，高新技术行业的受益程度大于非高新技术行业。

现有文献多集中在增值税的某一效应方面，不同学者从各自角度出发得到的结论不尽相同。近年来国内增值税转型的研究主要是转型前的预测性分析，目前还缺乏在我国实施增值税转型之后，基于事后数据对该税制改革对宏观经济影响的实证研究，这正是本文以下部分将进行的工作。

3. 增值税转型对宏观经济影响的逻辑

一般认为，生产型增值税具有重复征税、加重企业税负的弊端，而消费型增值税则相对中性。我国由生产型增值税全面转型为"有限的消费型增值税"的改革[1]，可能部分消除重复征税，降低微观主体企业的税收负担。与此同时，

---

[1] 我国消费型增值税只允许当期新增机器设备进项税额抵扣而非全部固定资产，因此被称为"有限的消费型增值税"。

增值税全面转型还将对财政收入、实体投资及就业创造等宏观经济变量产生重要影响。

3.1　增值税转型的税负效应

由于允许企业抵扣当期外购固定资产中机器设备所含增值税进项税，这就扩大了增值税进项税的抵扣范围，增加了相应的进项税抵扣额，在保持现有增值税率（17%）不变的同时，由于缩小了增值税税基，增值税应纳税额将相应减少；而且我国《税法》规定，增值税是城市维护建设税和教育费附加的税基之一，增值税应纳税额减少的同时也降低了城市维护建设税和教育费附加支出。另外，与生产型增值税相比，实行消费型增值税，当期外购固定资产（目前仅指机器设备）所含增值税进项税额得予抵扣，不再包含于固定资产原值之中，不再计入成本或费用，在综合折旧率等不变的前提下，减少了固定资产折旧额，这可能促进企业设备更新与创新活动。

假设全社会固定资产投资中机器设备投资额为 I_e，依据现行增值税税率、征收率及此次增值税转型规定，我们对增值税全面转型的减税效应分项估算如下：当年增值税应纳税额减少 $\frac{17\%}{1+17\%}\mu\theta I_e$。根据增值税转型相关规定，当年交付使用的机器设备投资中所含的进项税额才能被企业当年抵扣，μ 即表示当年购进设备的交付使用率。增值税转型前，我国《税法》规定外商在华独资与合资企业购入国产机器设备和进口机器设备时免交增值税，而增值税转型规定"取消进口设备增值税免税政策和外商投资企业采购国产机器设备退税政策"[1]，因此增值税转型不会影响外商的纳税，θ 即表示非外商的机器设备投资额占当年机器设备投资额的比例。相应地，城市维护建设税应纳税额减少 $\frac{17\%}{1+17\%}\mu\theta I_e \times 6.5\%$ [2]；教育费附加减少 $\frac{17\%}{1+17\%}\mu\theta I_e \times 3\%$；之后数年（持续到当年购进并交付使用的机器设备折旧至报废为止）企业所得税应纳税额增加 $\frac{17\%}{1+17\%}\mu\theta I_e \times DR \times 25\%$ [3]。当年的综合增减变动为

$$\frac{17\%}{1+17\%}\mu\theta I_e \times (1 + 9.5\% - DR \times 25\%) \tag{1}$$

由于 DR 不会大于 1，那么式（1）必小于零，即增值税转型当年即可减轻税收负担。

---

① 海关征收的进口机器设备增值税可进行抵扣，不影响最终的增值税总额。
② 我国《税法》规定城市建设维护税适用税率为市区 7%，城镇 5%，其他 1%，为方便计算，笔者取三者的算术平均值 6.5% 为城市维护建设税适用税率。
③ DR 指固定资产综合折旧率，用百分比表示。

如果企业考虑未来数年增加的所得税，将税额折现到当年，则转型对企业的税负综合变动为

$$\frac{17\%}{1+17\%}\mu\theta I_e \times 17\% \times (1+9.5\%) - D\sum_{k=1}^{n}(T_k - I_k/(1+r)^k)$$

其中

$$T_k = \frac{17\%}{1+17\%}\mu\theta I_e \times DR \times 25\% \tag{2}$$

式（2）中 T_k 表示第 k 年增加的所得税税额，I_k 表示第 k 年交付使用的机器设备投资额，r 是企业的贴现率，因为 $r>0$，所以式（2）同样小于零。因此，从长期看，增值税转型将减轻企业的综合税收负担。

3.2 增值税转型的"税退费进"效应

税收是我国财政收入的主要来源，增值税是我国的主要税种之一，其收入的增减变化对我国财政收入有重要影响。增值税在我国属于中央和地方的共享税，由于地方政府的财政支出具有刚性，增值税转型的显著减收效应会对地方政府财政产生不同程度的冲击，造成部分地方政府财源下降，有可能出现"税退费进"的现象。

3.3 增值税转型的投资效应

相对于生产型增值税完全不允许抵扣固定资产所含增值税进项税来说，消费型增值税则允许抵扣当期外购机器设备所含增值税进项税额。这将减轻企业的税收负担，不仅降低了企业机器投资成本，而且也增加了企业的现金流，有激励企业设备投资的效用。

与直接减税相比，增值税转型带来的投资促进效果更佳。

假定新增机器设备投资额为 ΔI_e，最终产品价值增量为 ΔY，边际消费倾向为 C，则由投资乘数为

$$\Delta Y = \frac{\Delta I_e}{1-c} \tag{3}$$

再以 r_{VAT} 表示增值税税率，以 ΔT 表示税收变化额，则可计算出实施生产型增值税时的投资税收弹性：

$$E_{\text{I-VAT}_P} = \frac{\Delta I_e/I_e}{\Delta T/T} = \frac{\Delta I_e/I_e}{\Delta Y \cdot r_{VAT}/T} = \frac{\Delta I_e/I_e}{\dfrac{\Delta I_e}{1-c}\cdot r_{VAT}/T} = \frac{(1-c)T}{r_{VAT}\cdot I_e} \tag{4}$$

同理，也可以计算出实施消费型增值税（仅指我国现阶段）时的投资税收弹性：

$$\mathrm{E}_{\mathrm{I-VAT}_c} = \frac{\Delta I_e/I_e}{\Delta T/T} = \frac{\Delta I_e/I_e}{(\Delta Y - \Delta I_e) \cdot r_{VAT}/T} = \frac{\Delta I_e/I_e}{\dfrac{c\Delta I_e}{1-c} \cdot r_{VAT}/T} = \frac{(1-c)T}{c \cdot r_{VAT}I_e} \quad (5)$$

二者之差为

$$\mathrm{E}_{\mathrm{I-VAT}_c} - \mathrm{E}_{\mathrm{I-VAT}_p} = \frac{(1-c)^2 T}{c \cdot r_{VAT}I_e} > 0, 其中 0 < c < 1 \quad (6)$$

与生产型增值税相比，消费型增值税的投资税收弹性更大。因此，在宏观经济环境相同的情况下，相对于生产型增值税，消费型增值税可能刺激企业投资。

3.4 增值税转型的就业效应

在实行生产型增值税的情况下，由于不准抵扣外购固定资产所含增值税进项税额，资本密集型企业因固定资产所占比例较高，比劳动密集型企业承担了更重的税负。实行消费型增值税后，当期外购机器设备所含增值税进项税可以抵扣，资本密集型企业的税负减轻，劳动密集型企业税负相对较轻的优势则下降，在某种程度上可能抑制劳动密集型企业发展，从而影响就业。同时，消费型增值税仅对资本要素而非劳动要素减税，扭曲了二者的相对价格，使机器设备投资成本降低，有可能刺激企业特别是资本密集型企业进行技术改造和设备更新，出现机器替代人力的现象。

4. 实证结果

本部分将使用我国增值税转型前后的数据，对该税制改革的实际结果进行评价，并通过实证模型检验增值税转型对宏观经济变量的影响方向及程度。

4.1 增值税转型的税负影响

增值税转型是否降低了微观主体的税负需要进行事后评价。我国增值税全面转型后的实际情况表明，这一税收调整的确减轻了企业总体综合税负，基本达到了消除生产型增值税重复征税、降低微观主体税收负担的目标。

图 1 为 2004—2016 年我国增值税收入与国内生产总值（GDP）之比，我们将其定义为增值税税负水平，以度量企业的总体税收负担。自 2004 年以来，我国增值税税负水平呈现先上升后明显下降的过程。2007 年将增值税试点范围由东北 3 省扩大至中部 6 省 26 市之后，当年的增值税税负水平从 5.91% 下降至 5.82%；2009 年全面实施增值税转型，当年增值税税负水平出现了显著下

降，由 2008 年的 5.73% 下降至 5.42%，减税效果明显，随后几年里，增值税税负水平一直保持着下行趋势。这说明我国 2009 年 1 月 1 日实施的增值税全面转型减税效果较为显著。据我们估算，累计对企业的减税总额达到 7827.76 亿元。

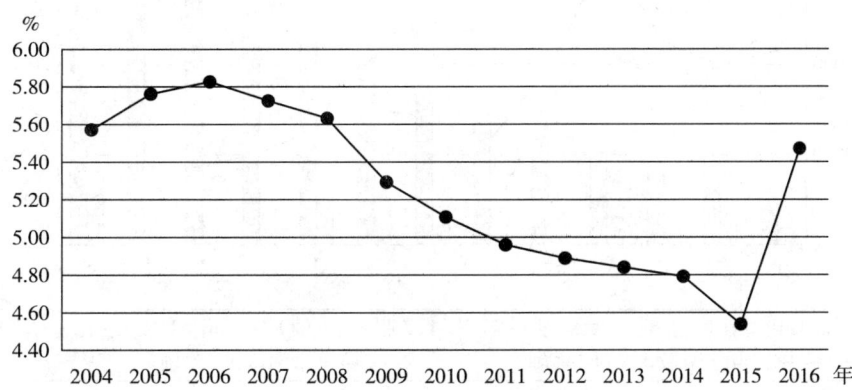

数据来源：Wind。

图 1   全国增值税税负水平变动图（2004—2016 年）

4.2   增值税转型对财政收入的影响

我国增值税转型对财政收入的真实影响到底如何？这一问题也需要事后评估才能回答。首先，我们对全国实施增值税转型前后的财政收入情况加以分析。图 2 为 2004—2016 年全国财政收入与增值税收入情况。从图中我们可以看出：（1）增值税收入在财政总收入中的比例自 2004 年（在东北地区实行增值税转型试点）以来持续下降，特别是在 2009 年全面转型实施后降幅明显，该比例从 2004 年的 37.32% 降至 2009 年的 31.05%，至 2013 年底进一步降至 26.07%。这表明增值税转型逐步实施以来，该税种对财政收入的贡献度逐步降低。（2）2004 年以来增值税收入与财政收入的增长率均为正，但 2008—2009 年全面转型时期，财政收入和增值税收入增长率出现下滑，且增值税收入增长率相对于财政收入增长率下降更多。具体而言，财政收入增长率由 2008 年的 18.85% 下降到 2009 年的 9.77%，增速下降了 9.08 个百分点；而增值税增长率由 2008 年的 16.33% 下降到 2009 年只有 2.68%，2008—2009 年增速下降了 13.65 个百分点，比财政收入增长率多下滑 4.56 个百分点。这种情形一方面是由于国际金融危机引发的国内经济增速下行造成的财政减收，另一方面则是由于 2009 年实施了增值税全面转型政策，增值税收入增速较财政收入增速出现更大程度的下滑。

其次，由于各地在资源禀赋和经济发展水平等方面的差异巨大，增值税全

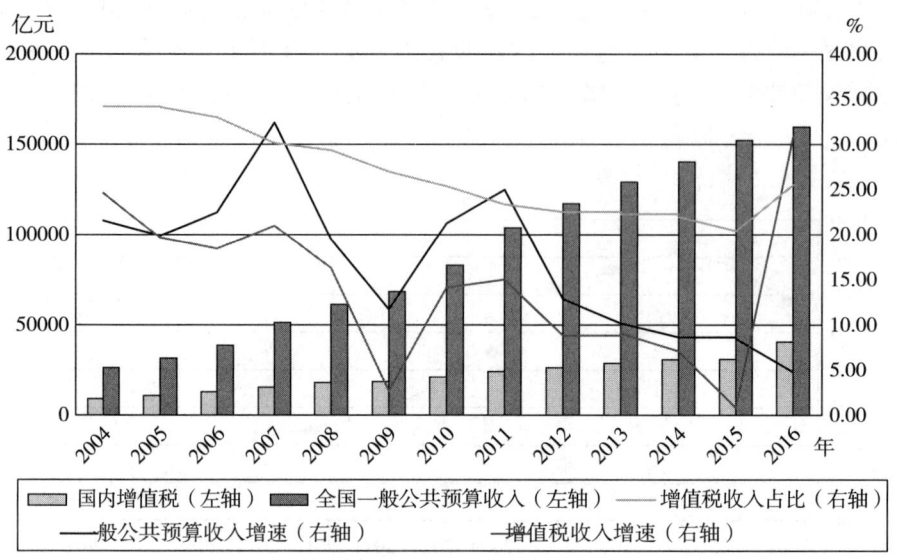

数据来源：《中国统计年鉴》及《中国税务年鉴》。

图 2　中国增值税收入、一般公共预算收入及其增长率变化（2004—2016 年）

面转型对地方政府财政减收影响程度有很大的不同。我们对各地的财政收入情况进行了对比分析。图 3 是 31 个省（自治区、直辖市）政府财政收入及其增长率在 2009 年全面转型前后一年的变化情况。与全国总体情况一样，2009 年实施的增值税转型政策使各地财政收入增速全部有不同程度的下滑①；全国财政收入增长率平均下滑 7.74%，在 31 个省（自治区、直辖市）中，下滑幅度

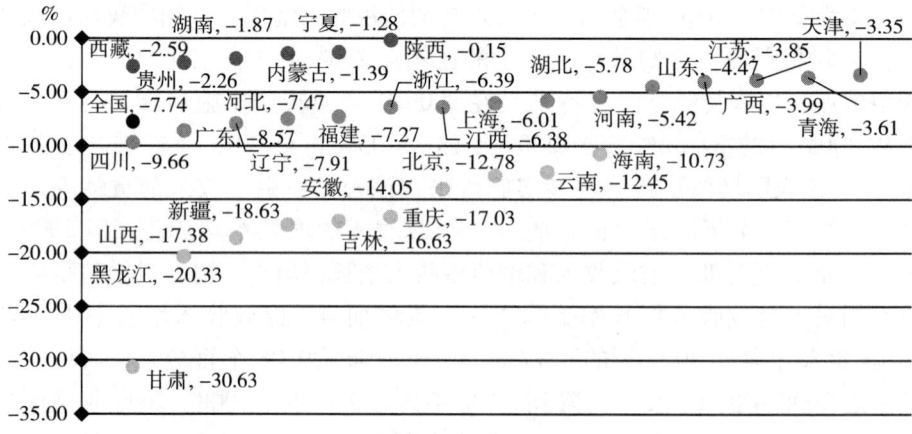

数据来源：《中国统计年鉴》（2008—2009 年）、《中国税务年鉴》（2008—2009 年）。

图 3　2008—2009 年各省（自治区、直辖市）财政收入增长率变化

---

① 当然，这种减收并没有影响各地财政收入绝对数量的增加，只是增速有不同程度的下降。

在 5% 以下的有 11 个，5% ~10% 的有 10 个，10% ~15% 和 15% ~20% 的分别有 4 个，20% 以上的有 2 个，其中陕西下滑幅度最小，只有 0.15% ，甘肃最为严重，达 30.63%。这进一步表明了增值税全面转型具有显著的财政减收效应。

那么，增值税转型是否导致了"税退费进"现象？我们将除西藏外的 30 个省（自治区、直辖市）2008 年、2009 年的财政收入分为增值税收入、企业所得税收入、其他税收收入和非税收入四部分，并计算出各部分占各自财政总收入的比重，然后进行对比分析，随后通过截面数据回归，得到更坚实的实证结果。从表 1 来看，22 个省（自治区、直辖市）的非税收入增长率在转型当年都有所上升，而在没有上升的 8 个省中，有 5 个是因为企业所得税收入增长率有所提高得以对冲。由此可见，增值税转型带来的财政减收使多数省市出现了一定程度的"税退费进"现象。

表1　各省（自治区、直辖市）2008—2009 年财政收入构成比例变化

单位:%

	增值税收入占比变化	企业所得税收入占比变化	其他税收收入占比变化	非税收入占比变化
北京	0.25	−5.84	3.39	2.21
天津	−4.18	−3.72	1.78	6.12
河北	−2.91	−0.81	3.34	0.38
山西	−4.55	0.97	0.07	3.52
内蒙古	−3.01	−0.24	−0.34	3.59
辽宁	−2.46	−2.64	4.51	0.60
吉林	−1.37	0.04	1.89	−0.56
黑龙江	−6.12	0.00	2.69	3.42
上海	0.46	−4.27	2.78	1.03
江苏	−1.68	−1.97	2.45	1.20
浙江	−0.85	−1.86	2.61	0.10
安徽	−1.06	−1.07	2.12	0.01
福建	−1.00	−0.86	0.78	1.07
江西	−1.68	−1.71	4.10	−0.72
山东	−2.30	−1.71	3.89	0.11
河南	−2.75	−1.38	3.51	0.62
湖北	−1.03	−1.80	2.86	−0.03
湖南	−1.80	−0.88	2.43	0.25
广东	−0.80	−1.86	1.89	0.77
广西	−2.23	−1.37	4.03	−0.42
海南	−1.84	0.21	3.27	−1.64

续表

	增值税收入占比变化	企业所得税收入占比变化	其他税收收入占比变化	非税收入占比变化
重庆	-0.57	0.27	4.41	-4.11
四川	-0.65	0.40	5.46	-5.21
贵州	-2.05	-0.09	2.01	0.13
云南	-2.22	-1.40	3.56	0.06
陕西	-3.45	-1.25	0.14	4.57
甘肃	-1.36	-1.84	3.19	0.02
青海	-3.29	0.14	5.02	-1.87
宁夏	-4.28	1.77	2.01	0.50
新疆	-7.71	-0.14	5.95	1.91

数据来源：根据《中国统计年鉴》(2009—2010 年) 有关数据整理计算。

对其进行横截面数据回归时，可以发现非税收入的变化率在 1% 的显著性水平下与增值税收入的变化率负相关（详见表 2）。

表 2　"税退费进"回归结果

非税收入变化	Coef.	Std. Err.	t	P > t	95% Conf. Interval	
增值税变化	-1.000754	0.000717	-1395.68	0.000	-1.00223	-0.99928
企业所得税变化	-1.000974	0.0008176	-1224.28	0	-1.00266	-0.99929
其他税收变化	-0.9998864	0.0007594	-1316.60	0	-1.00145	-0.99833
_cons	-0.0021795	0.0032118	-0.68	0.503	-0.00878	0.004423

4.3　增值税转型对投资的影响

增值税转型减轻了企业税负，可能刺激企业投资。在不考虑资金折现的情况下，减税额占机器设备投资总额的比例为

$$\frac{\left| \theta \dfrac{I_e}{1+17\%} \times 17\% \times (DR \times 25\% - 1 - 9.5\%) \right|}{I_e} \times 100\% \qquad (7)$$

也即转型使企业机器设备投资成本（购置价格）下降之百分比。

根据企业管理的实际情况和计算方便，我们使用直线折旧法，并假设综合折旧率 DR 为 10%，此时式（7）的值为 -15.55%，即增值税转型使企业机器设备投资成本（购置价格）下降了 15.55%。

影响机器设备投资的因素包括设备价格、资本价格、宏观经济形势和其他因素。若机器设备投资变化率（INV_R）为被解释变量，则机器设备价格变化

率（PRC_R）、资本租赁价格（CAP_R）①、和宏观经济变化（GDP_R）② 为解释变量：

$$INV\_R = \alpha + \lambda PRC\_R + \eta GDP\_R + \gamma CAP\_R + \varepsilon \tag{8}$$

根据式（8），增值税转型对机器设备投资的拉动效应可约算为

$$\left| \lambda \times \theta \frac{17\% \times (DR \times 25\% - 1 - 9.5\%)}{1 + 17\%} \right| \times 100\% \tag{9}$$

设增值税转型当年新增机器设备投资总额为 I_e，那么因增值税转型而拉动的机器设备投资增长额为

$$\cfrac{I_e}{1 + \left| \lambda \times \mu \times \theta \dfrac{17\% \times (DR \times 25\% - 1 - 9.5\%)}{1 + 17\%} \right|}$$

$$\times \left| \lambda \times \mu \times \theta \frac{17\% \times (DR \times 25\% - 1 - 9.5\%)}{1 + 17\%} \right| \tag{10}$$

根据《中国统计年鉴》《中国物价年鉴》和《中国金融年鉴》历年公布的官方数据，我们整理了 1982—2013 年我国 GDP、设备工器具购置额及其价格指数、银行一年期贷款利率的变化率（详见表 3）；③ 并对这些时间序列变量进行平稳性检验。

表 3 机器设备投资变动模型数据表

年份	INV_R	PRC_R	GDP_R	CAP_R	年份	INV_R	PRC_R	GDP_R	CAP_R
1982	30.32%	0.71%	9.10%	15.20%	1998	8.00%	-0.61%	7.80%	18.30%
1983	22.96%	0.00%	10.90%	15.20%	1999	8.03%	0.00%	7.60%	17.48%
1984	42.12%	1.81%	15.20%	14.50%	2000	10.39%	-0.10%	8.40%	15.45%
1985	41.03%	10.58%	13.50%	8.62%	2001	13.46%	-0.41%	8.30%	15.15%
1986	18.65%	-8.05%	8.80%	11.42%	2002	11.89%	0.00%	9.10%	16.16%
1987	21.92%	2.04%	11.60%	10.62%	2003	28.30%	0.03%	10.00%	14.11%
1988	25.66%	6.58%	11.30%	0.20%	2004	30.32%	2.47%	10.10%	11.48%
1989	-14.52%	8.41%	4.10%	3.34%	2005	29.62%	-0.03%	11.30%	13.78%
1990	4.45%	-15.18%	3.80%	16.89%	2006	19.33%	1.31%	12.70%	14.40%
1991	25.29%	3.21%	9.20%	15.42%	2007	23.51%	-0.50%	14.20%	11.98%
1992	45.53%	3.11%	14.20%	12.24%	2008	28.56%	0.35%	9.60%	11.14%

---

① 市场利率 + 固定资本折旧，利率已扣除通货膨胀因素。

② 宏观经济变化用实际 GDP 增长率来表示。

③ 1990 年之前没有设备工器具价格指数。为了满足计量分析的时间长度，我们用 1981—1989 年机械行业工业品出厂价格指数替代。这基于两个方面考虑：一是虽然自 1978 年实施改革开放开始转向市场经济，但在 1990 年以前计划经济色彩仍相当浓，设备价格主要受行政命令，由市场决定少；二是设备工器具主要与机械加工制造行业高度相关。

年份	INV_R	PRC_R	GDP_R	CAP_R	年份	INV_R	PRC_R	GDP_R	CAP_R
1993	56.04%	9.41%	14.00%	5.23%	2009	25.25%	-2.93%	9.20%	16.01%
1994	30.53%	-8.52%	13.10%	-3.12%	2010	21.31%	2.73%	10.40%	12.09%
1995	-1.52%	-2.92%	10.90%	4.42%	2011	5.63%	0.84%	9.20%	10.95%
1996	15.57%	-4.42%	10.00%	12.67%	2012	19.30%	-2.18%	7.70%	13.66%
1997	22.71%	-3.44%	9.30%	16.92%					

注：GDP、利率等扣除了价格变动。

数据来源：《中国统计年鉴（1982—2013）》《中国物价年鉴 2004》和《中国金融年鉴（1982—2013）》。

GDP_R、PRC_R 和 INV_R 均是变化率，已经是原始数据的一阶差分，从图 4 来看，上述数据呈现出白噪声状态。

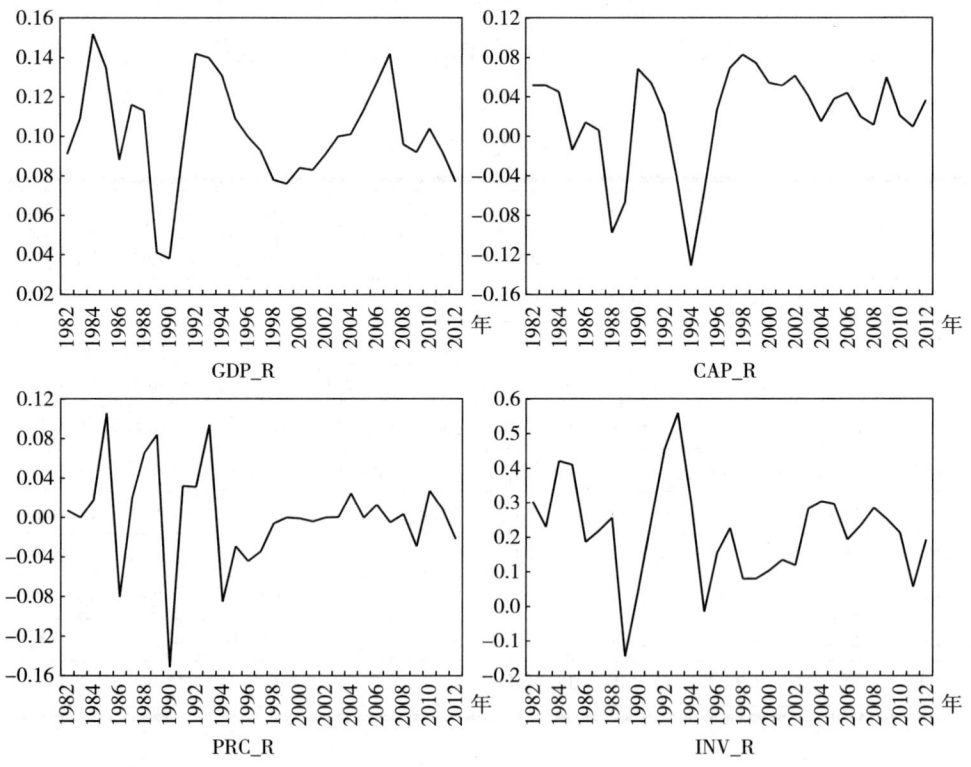

GDP_R

CAP_R

PRC_R

INV_R

图 4   时间序列数据描述性统计

然后，我们对变量的平稳性加以检验。表 4 为对各个时间序列数据的单位根检验结果（Augmented Dickey – Fuller Test）。各数据在 1% 的显著性水平下均拒绝存在单位根的假设，即这些数据均是平稳的，均为 1 阶单整 I（1）序列。

表 4　模型数据平稳性检验结果

	INV_R	GDP_R	CAP_R	PRC_R
ADF 统计量（p 值）	−4.039（0.004）	−4.197（0.003）	−3.954（0.005）	−4.962（0.000）

为了考察各变量间的互相影响，我们进一步对上述时间序列数据进行协整检验。以 LR 统计量为标准，Johansen 特征迹检验的结果在 5% 显著水平上显著，协整向量数为 2[①]。在对上述时间序列变量的 AIC 检验中，二阶滞后最为合宜，因此我们采用二阶 VAR 模型［以下用 VAR（2）表示］：

$$Y_t = \alpha + \Pi_1 Y_{t-1} + \Pi_2 Y_{t-2} + \varepsilon_t \tag{11}$$

其中，$Y_t = (INV\_R_t \quad GDP\_R_t \quad PRC\_R_t \quad CAP\_R_t)'$，$\alpha = (\alpha_1 \quad \alpha_2 \quad \alpha_3 \quad \alpha_4)'$，

$$\Pi_1 = \begin{pmatrix} \pi_{11} & \theta_{11} & \gamma_{11} & \sigma_{11} \\ \pi_{21} & \theta_{21} & \gamma_{21} & \sigma_{21} \\ \pi_{31} & \theta_{31} & \gamma_{31} & \sigma_{31} \\ \pi_{41} & \theta_{41} & \gamma_{41} & \sigma_{41} \end{pmatrix}, \quad \Pi_2 = \begin{pmatrix} \pi_{12} & \theta_{12} & \gamma_{12} & \sigma_{12} \\ \pi_{22} & \theta_{22} & \gamma_{22} & \sigma_{22} \\ \pi_{32} & \theta_{32} & \gamma_{32} & \sigma_{32} \\ \pi_{42} & \theta_{42} & \gamma_{42} & \sigma_{42} \end{pmatrix}, \quad \varepsilon_t = (\varepsilon_{1t} \quad \varepsilon_{2t} \quad \varepsilon_{3t} \quad \varepsilon_{4t})'。$$

表 5 为 VAR（2）模型的回归结果。本文关注的重点是增值税转型对机器设备资产投资的影响，这里仅对表 5 中的第一、第二列加以解释。第二列展示了机器设备投资与各个滞后变量之间的关系，可以看出：（1）前两期的资本租赁价格显著影响机器设备投资，这显示了资本租赁价格高低对投资的重要性。（2）GDP 增长同样显著影响了机器设备投资额，这表明宏观经济形势也会影响企业投资决策。当经济环境较好时，企业倾向于加大固定资产投资规模；反之则相反。（3）虽然机器设备投资额与机器设备价格负相关，但其显著性只是接近 10% 水平。这是由于 VAR 模型并未考虑增值税转型当年机器设备价格变化对投资的影响。

表 5　VAR（2）模型回归结果

	INV_R	GDP_R	PRC_R	CAP_R
INV_R（−1）	0.3964 (1.5369)	0.0598[a] (1.6364)	0.0205 (0.2273)	−0.1352* (−1.7342)
INV_R（−2）	0.1280 (0.4966)	0.1343*** (3.6753)	−0.0618 (−0.6870)	−0.0329 (−0.4226)
GDP_R（−1）	2.8611* (1.8186)	0.6341*** (2.8431)	1.2550*** (2.2849)	−0.7014 (−1.4751)

① 我们采用 Johansen 特征迹检验并分析其中协整向量的个数。因为协整分析对较短滞后期的估计更准确，初始设定最大滞后阶数为三，从三阶依次尝试降至一阶，以确认 VAR 模型中的最优滞后阶数。

	INV_R	GDP_R	PRC_R	CAP_R
GDP_R（−2）	−2.8662**	−0.7636***	−1.1287***	0.9670***
	(−1.9630)	(−3.6892)	(−2.2143)	(2.1914)
CAP_R（−1）	2.4083***	0.3511***	−0.1619	0.6118***
	(3.2352)	(3.3270)	(−0.6230)	(2.7193)
CAP_R（−2）	−1.9616***	−0.2739***	0.2605	0.0339
	(−2.6662)	(−2.6265)	(1.0141)	(0.1523)
PRC_R（−1）	0.8839a	−0.0405	−0.3849**	−0.0455
	(1.5541)	(−0.5025)	(−1.9384)	(−0.2645)
PRC_R（−2）	0.4003	−0.0146	0.0684	−0.0733
	(0.7591)	(−0.1947)	(0.3717)	(−0.4600)
A	0.0472	0.0636	−0.0138	0.0505
	(0.2835)	(2.6925)	(−0.2375)	(1.0037)
F−statistic	8.2553	6.0308	3.6018	3.9874

注：括号内的值为t值，＊＊＊表示1%的显著性水平，＊＊表示5%的显著性水平，＊表示10%的显著性水平，a表示接近10%显著。

增值税转型造成的机器设备价格"下降"是一次性的，为了更准确地检验减税对投资的效果，我们采用脉冲响应模型引入变量当年的影响，以评估增值税转型对投资造成的效应。模型具体形式如下：

$$B_{A0}Y_t = \alpha + \Gamma_{1,t}Y_{t-1} + \cdots + \Gamma_{p,t}Y_{t-p} + \mu_t$$
$$E(\mu_t\mu_t') = \Omega \tag{12}$$

其中，$Y_t = (INV\_R_t \quad GDP\_R_t \quad PRC\_R_t \quad CAP\_R_t)'$，$\alpha = (\alpha_1 \quad \alpha_2 \quad \alpha_3 \quad \alpha_4)'$为VAR模型中的截距向量。这里$p = 2$，$\mu_t'$为式（12）的残差项向量，其协方差矩阵是$\Omega$。将短期约束条件代入式（12），考察其脉冲响应函数，可以得出脉冲响应函数图。

从图5可以看出，机器设备投资增速和GDP增速对价格冲击的反应为脉冲式，即当期的冲击较为强烈，大约第7期后其影响将弱化。值得注意的是，虽然当期机器设备投资增速由于增值税转型带来的价格下降而增加，但在下一期会有所回落，这与机器设备投资不能当年交付有关。例如，增值税转型当年机器设备投资额大幅增长，在经济增速、资本租赁价格和机器设备价格不变的情况下，由于设备当年并不能全部交付，这会造成下一年机器设备投资额增速放缓。

根据VAR模型结果中的系数，机器设备投资的价格弹性λ约为−0.884，即机器设备投资成本（购置价格）每下降1%，其投资量会增加0.884%。从

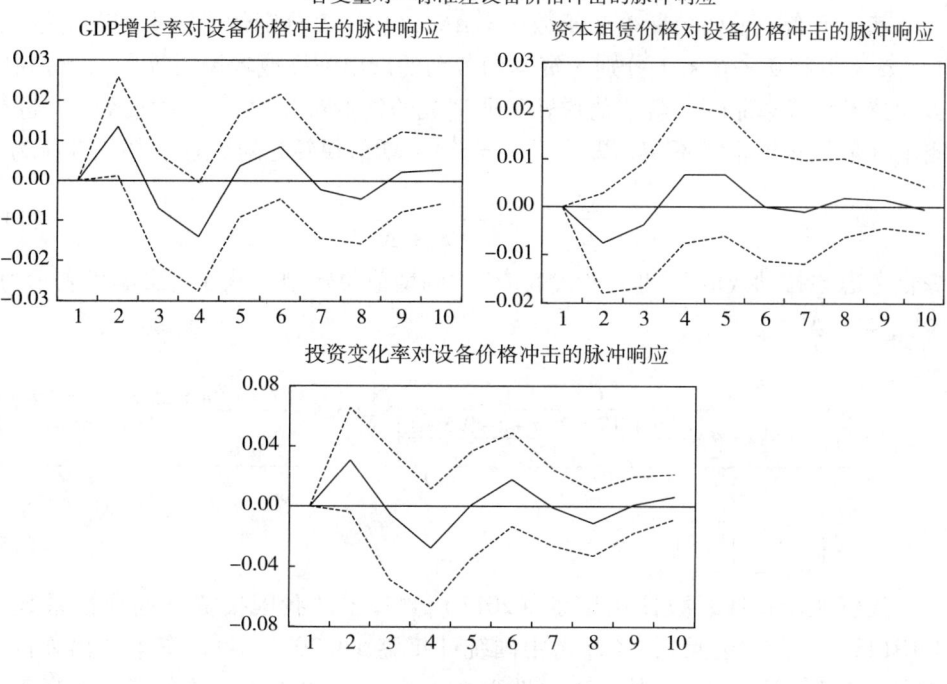

各变量对一标准差设备价格冲击的脉冲响应

图5　价格脉冲响应

《中国统计年鉴》公布的数据可知，2009 年我国机器设备投资总额 I_e 为 50844.2 亿元（扣除价格变动因素），那么根据式（10），可以算出增值税全面转型当年即拉动设备投资增长额约 1255.4 亿元，2009—2013 年累计拉动设备投资增长额约 9646.3 亿元。

4.4　增值税转型对就业影响

增值税转型对就业会产生两种效应：其一，由于减税生产成本下降，会刺激企业增加投资，扩大生产，从而增加了对劳动力的需求，称之为"拉动效应"；其二，使资本的价格相对于劳动价格下降，扭曲生产要素的相对价格，这会导致企业以机器替代人力，减少劳动要素投入，称之为"替代效应"。测量增值税转型对就业的影响需综合考虑这两种效应。

设投资就业弹性系数为 δ，则增值税全面转型对我国就业的拉动效应可表示为

$$\frac{\Delta L}{L_1} = \frac{\delta \times \theta \dfrac{I_e}{1 + \left| \lambda \times \theta \dfrac{17\% \times (DR \times 25\% - 1 - 9.5\%)}{1 + 17\%} \right|} \times \left| \lambda \times \theta \dfrac{17\% \times (DR \times 25\% - 1 - 9.5\%)}{1 + 17\%} \right|}{I_s}$$

（13）

其中，I_s 表示第二产业当年的投资额。

基于柯布—道格拉斯生产函数 $Y = AK^\alpha L^\beta$（K、L 分别代表资本和劳动投入，$0 < \alpha < 1$ 和 $0 < \beta < 1$ 分别为资本和劳动的产出弹性或者说贡献率），可利用边际技术替代率原理，就增值税转型所造成的资本对劳动的"替代效应"进行测量（假设规模报酬不变，即 $\alpha + \beta = 1$）。增值税转型对就业的替代效应为

$$\frac{\Delta L}{L_2} = 1 - \left(\frac{K}{K + \Delta K}\right)^{\frac{\alpha}{\beta}} \tag{14}$$

综合考虑"拉动效应"和"替代效应"，则增值税转型对就业的影响可表示为

$$\frac{\Delta L}{L} = \frac{\Delta L}{L_1} - \frac{\Delta L}{L_2}$$

$$= \frac{\delta \times \theta}{1 + \left|\lambda \times \theta \dfrac{17\% \times (DR \times 25\% - 1 - 9.5\%)}{1 + 17\%}\right|} \times \left| \lambda \times \theta \dfrac{17\% \times (DR \times 25\% - 1 - 9.5\%)}{1 + 17\%} \right| \dfrac{I_e}{I_s}$$

$$+ \left(\frac{K}{K + \Delta K}\right)^{\frac{\alpha}{\beta}} - 1 \tag{15}$$

投资就业弹性系数使用李景（2011）测算出的我国投资就业弹性系数约 0.191481（万人/亿元）；经查《中国统计年鉴》（2011 年），资本产出弹性 α 约为 0.475，则劳动投入的产出弹性为 $\beta = 1 - \alpha = 0.525$，增值税转型当年资本形成总额 K = 138325 亿元，劳动工资收入（劳动者报酬）总额 L = 150067 亿元、就业总人口数 75828 万人及劳动者人均工资 22458 元。由前文研究可知，因增值税转型而拉动的设备投资增长额为 1255.4 亿元，受其拉动效应的影响，可增加就业约 240 万人，但由于替代效应的作用同时减少了约 617 万个就业岗位。综合起来，此次增值税全面转型造成了大约 377 万人净失业。

5. 结 论

本文就我国 2009 年 1 月 1 日实施增值税转型后，对宏观经济产生的实际影响进行事后评价与全面研究。本文的主要结论有以下几点。

第一，我国增值税转型基本达到了消除重复征税、还原税收中性、降低微观主体税收负担的目标。据我们估算，累计对企业的减税总额达到 7827.76 亿元。第二，增值税转型成为近年来财政收入增长率下降的一个因素。由于地理位置、资源优势及发展历史的差异，不同省（市、区）之间财政收入增长率下降幅度也不尽相同，最低的省份约 5%，最高的省份则超过 30%。另外，受财政支出刚性的限制，部分地方提高了非税收入，出现了不同程度的"税退费进"现象。第三，增值税转型后，由于允许抵扣当期外购固定资产中的机器设备所含进项税额，使设备购置成本大幅下降，明显地刺激了企业投资热情，拉

动了投资增长，转型当年即拉动投资增长约 1255.4 亿元，效果较为显著。第四，该政策效果呈现出明显的"脉冲效应"，当期冲击较强烈，而大约第 7 期后其影响逐步弱化，不具有持续性。第五，增值税转型扭曲了资本与劳动的相对价格，设备投资成本的大幅下降促使企业用机器替代劳动，从而导致劳动工作岗位净减少约 377 万个。

本文的研究表明，我国增值税转型改革取得了部分预期成果，但远未能达到假定的全部目标。由于税收政策的变化对经济与社会将产生多方面的复杂影响，需要深入总结我国财政政策调整和税收体制变化的经验与教训。这对我国将展开的财税体制改革具有重要的意义。

参考文献

［1］安体富，岳树民．我国宏观税负水平的分析判断及其调整［J］．经济研究，1999（3）：41 – 47.

［2］安体富，林鲁宁．宏观税负实证分析与税收政策取向［J］．经济理论与经济管理，2002，（5）：26 – 31.

［3］陈丽霖，廖恒．增值税转型对企业生产效率的影响——来自我国上市公司的经验证据［J］．财经科学，2013（5）：56 – 66.

［4］陈烨，张欣，寇恩惠等．增值税转型对就业负面影响的 CGE 模拟分析［J］．经济研究，2010（9）：29 – 42.

［5］李景．投资对就业的影响及拉动效应研究［J］．图书情报导刊，2011，21（32）：138 – 140.

［6］李举达．增值税转型对财政收入的影响［J］．经济论坛，2004（13）：75 – 77.

［7］聂辉华，方明月，李涛．增值税转型对企业行为和绩效的影响——以东北地区为例［J］．管理世界，2009（5）：17 – 24.

［8］牛其林．我国增值税税负区域性分布特征研究［J］．税收经济研究，2011（3）：46 – 52.

［9］万华林，朱凯，陈信元．税制改革与公司投资价值相关性［J］．经济研究，2012（3）：65 – 75.

［10］杨震，刘丽敏．增值税转型对地方政府财政收入影响的实证研究［J］．税务研究，2005（3）：37 – 40.

［11］郑军，杨咏梅．增值税转型的经济学分析［J］．理论月刊，2004（7）：86 – 88.

［12］Admas，T..The Taxation on Business［D］.Proceedings of the Annual Conference on Taxation under the Auspices of the National Tax Association，1917，

11：185 – 194.

[13] Aizenman J. , Jinjarak Y. . The Collection Efficiency of the Value Added Tax：
Theory and international evidence [J] . Journal of International Trade and E-
conomic Development, 2008, 17（3）：391 – 410.

[14] Burgess, R. , Stern, N. , & Stern, N. . A VAT in India：Problems and Options
[D] . Programme of Research into Economic Transformation and Public Fi-
nance, 1993, London School of Economics.

[15] Gonzalo J. . Five Alternative Methods of Estimating Long – run Equilibrium Re-
lationship [J] . Journal of Econometrics, 1994, 60（1）：203 – 233.

[16] Hans – Werner, Snin. . Capital Income Taxation and Resource Allocation [J].
European Journal of Political Economy, 1988（4）：553 – 574.

[17] Martin, Feldstein. . On the Theory of Tax Reform [J] . Journal of Public Eco-
nomics, 1976, 6（1）：77 – 104.

[18] Krauss, M. , & Bird, R. M. . The Value Added Tax：Critique of a Review
[J]. Journal of Economic Literature, 1971, 9（4）：1167 – 73.

A Comprehensive Research
on the Impact of VAT Reform on China's Economy

Yu qiao   Fan wei   Liu haijun   Cao shengxi

Abstract   The VAT transition reform is a critical action among China's recent
reforms on the fiscal and tax field. This paper studies the comprehensive impact of the
implementation of VAT transition on China's macro economy. Post evaluation and em-
pirical results show that the VAT transition has both positive effects and negative
effects on macroeconomic activities. The main effects of this policy are as follows：
first, it directly reduces the tax burden enterprises bear with a cumulative tax reduc-
tion amounting to 782 billion, and nearly eliminates the existing double taxation；how-
ever, due to the caused decline in local government revenue, this policy then lead to
increased fees as compensatory revenue；thirdly, it to some extent stimulates the
growth of investment, given China's investment growth was pulled by about 125 billion
yuan, but this stimulation on investment tends to be a "pulse effect", which is not
persistent；in addition, it distorts the relative price of capital and labor, resulting in
the loss of 3. 77 million jobs.

Key words   VAT Transition   Fiscal Revenue   Fixed Investment   Employment

我国上市金融机构尾部风险关联网络研究[*]

龚 朴[①] 邹 冬[②]

摘 要 基于金融机构间的尾部相关性，本文构建了我国上市金融机构的动态尾部风险关联网络。文中分别对金融机构尾部风险关联网络的整体特征和金融机构各部门内与部门间的动态关联性进行了研究。研究发现，金融机构的尾部风险关联网络具有"小世界现象"，危机期间，金融机构的尾部风险关联性较强，银行业与保险业之间的尾部风险关联更加紧密，而证券业与信托业之间的尾部风险关联更加紧密。

关键词 金融机构 尾部风险 网络分析 尾部相关性

1. 引 言

2008 年国际金融危机之后，在全球经济处于巨大的不确定性背景下，我国金融市场也面临着较高水平的金融风险，存在着一定程度的风险传染现象。作为金融市场的主要参与者，金融机构的风险水平在系统性风险中占据着极其重要的地位，深入理解和分析各金融市场金融机构间的关联水平，关注金融机构间的风险传染效应和机制对政策制定、投资决策和风险管理具有极强的现实意义。对政策制定者来说，防范金融风险、维持金融稳定是主要政策目标之一。对投资者来说，理解金融机构间的关联水平，有利于合理构建投资组合，分散投资风险，同时了解金融机构的风险水平，也有利于调整投资策略，规避金融风险。

传统的分析方法，通常适用于只存在几个资产或者市场的情况。当存在大量资产或者市场时，采用传统的分析方法就变得不切实际。针对传统分析方法的不足，网络分析法可以有效地对高维度数据进行分析。通过构建网络，研究者既可以从系统的角度对网络结构和特征进行分析，也可以对系统重要节点特征进行分析。目前，网络分析法已经被广泛应用于金融机构之间关联性的研究中。针对金融关联网络的构建，国内外学者提出了不同的方法和模型，目前的研究大致可以分为两类。

---

* 基金项目：国家自然科学基金重点资助项目［71231005］；国家自然科学基金面上资助项目（71671076）。

① 龚朴（1954—），男，武汉人，博士，华中科技大学大学管理学院教授，博士生导师。Email：gongpu@ mail. hust. edu. cn。

② 邹冬，华中科技大学大学管理学院博士生。

一是根据金融机构间的具体业务联系,如同业拆借、资本流动数据,构建金融机构间的关联网络。二是利用金融机构的股票价格、CDS 价格等市场数据,通过采用不同的统计或计量方法,构建金融机构间的风险传染和信息溢出网络。

在第一类研究中,代表性的有以下研究。在较为早期的研究中,Allen 和 Gale(2000)采用金融机构间的资产负债数据,研究了银行间市场网络结构与金融风险传染之间的关系。Minoiu 和 Reyes(2013)采用 184 个国家间跨境银行资本流动数据分析了全球银行系统网络的拓扑结构以及动态演变。基于银行间双向敞口和债务数据,Said(2017)构建了全球银行体系中部门层面的金融网络,并通过分析网络的拓扑结构,对全球银行体系的系统风险展开了深入的研究。Elsinger 等(2006)采用澳大利亚银行同业借款数据,构建了银行间借贷网络模型,并进一步分析了银行系统的金融稳定性。李守伟等(2011)通过我国银行间同业拆借市场的关联网络,分析了银行间同业拆借市场的稳定性。王晓枫等(2015)根据真实的统计数据模拟了银行间同业业务的资产负债状况,进一步利用复杂网络方法构造了银行间同业拆借市场的关联网络。鲍勤和孙艳霞(2014)分别采用中国银行业的资产负债表数据和模拟的方法构建了银行间市场网络。贾彦东(2011)尝试将金融网络结构因素纳入到对系统风险的衡量中,采用我国银行间支付结算数据,构建金融机构关联网络,并通过数值模拟的方法,对我国主要银行的系统重要性水平进行评估,并进一步对系统重要性水平的影响因素进行分析。基于银行间同业拆借市场数据,欧阳红兵和刘晓东(2014,2015)采用最小生成树(MST)和平面极大过滤图(PMFG)两种方法构建和分析了金融关联网络。

关于第二类研究,国内外学者提出了不同的研究方法。Diebold 和 Yilmaz(2014)将 VAR 方差分解理论与复杂网络理论相结合,运用到金融机构关联性的研究中。在他们的研究中,金融机构之间的关联性由波动溢出指数进行度量,通过 VAR 方差分解,他们建构了有向加权金融机构关联网络。在 Diebold 和 Yilmaz(2014)的研究基础上,Demier 等(2016)采用 VAR 模型和高维方差分解方法,通过构建全球主要银行股票收益波动率网络,分别估计了全球银行网络静态和动态关联性。Hautsch 等(2014,2015)采用条件在险价值(CoVaR)来度量金融机构的尾部关联性,从而构建出金融机构尾部风险网络。Hautsch 等(2014)构建了 20 个欧洲银行和保险公司之间的动态尾部风险网络,从而能够探究欧洲金融系统在国际金融危机前后以及国际金融危机期间关联性的动态特征以及相应的风险渠道。Härdle 等(2016)同样采用条件在险价值(CoVaR)方法构建了金融机构的尾部风险网络,对尾部事件驱动的网络风险进行建模。他们采用非线性分位数回归和变量选择方法,对高维时间序列进行建模。Hautsch 等(2012,2014,2015)的研究采用了线性 LASSO 变量选择方法,通过选取相关变量对系统的 VaR 进行估计。与此不同的是,Härdle 等(2016)的研究考虑了金融系统的复杂性,将线性 LASSO 变量选择方法拓展到非线性模型。首先,采用线性分位数回归对每个金融机构的 VaR 进行估计，其次，在单指数模型的基础上，采用变量选择分位数回归，构建出风险关联网络。Yang 和 Zhou（2013）采用 CDS 价差数据研究了国际金融机构间的信用风险溢出效应。他们基于聚类分析、主成分分析（PCA）、结构 VAR 模型以及有向无环图（Direct Acyclic Graph，DAG）等方法，构建出了金融机构间的信用风险溢出网络。Billio 等（2012）采用主成分分析和格兰杰因果检验等计量方法，对金融机构间的关联性进行度量。在整个金融网络中，节点（金融机构）之间的连接关系由格兰杰因果关系表示，金融机构被分别归类为对冲基金类、银行类、交易经纪商类和保险类。李政等（2016）拓展了 Billio 等（2012）的研究，采用我国银行、保险和证券部门的 40 家上市金融机构的股票价格数据，并采用格兰杰因果检验方法，构建了金融机构之间的无条件关联网络。基于金融机构异质风险的格兰杰因果关系，高波和任若恩（2013）采用 2008 年以前上市的 29 家金融机构的收益数据，构建金融系统的有向网络模型，分析不同市场状态下（牛市和熊市），银行、证券、保险和信托等金融部门的因果关联网络特征。

基于以上分析，本文拟采用 Copula 模型，通过金融机构间的尾部关联性建模，构建金融机构尾部风险关联网络，从而对现有的研究做一个有益补充。首先，采用时变 SJC Copula 模型，估计出上市金融机构间的尾部相关性矩阵。其次，在尾部相关性矩阵的基础上，构建金融机构的尾部风险关联网络。最后，通过网络分析方法，考察尾部风险在整个金融系统以及在金融部门内和部门间的传递情况。

2. 研究方法

2.1 金融机构尾部相关性建模

由于收益序列具有波动聚集等特征，在进行收益序列的边际分布建模之前，需要对收益序列进行过滤。现有的研究通常采用 GARCH 类模型对收益序列进行过滤，如 GARCH 模型、GJR – GARCH 模型以及 EGARCH 模型。本文拟考虑采用 GJR – GARCH 模型对数据进行过滤。与 GARCH 模型不同的是，GJR – GARCH 模型能够反映出波动的杠杆效应。杠杆效应是指市场上的负面消息对收益的波动产生的影响要大于正面消息对收益的波动产生的影响。

由于收益序列呈现出尖峰厚尾的特征，正态分布并不能很好地对残差序列进行拟合，因此，我们将分别采用学氏 t 分布和偏态 t 分布进行估计。对学氏 t 分布而言，其概率密度函数设定如下：

$$f(x \mid v) = \frac{\Gamma\left(\frac{v+1}{2}\right)}{\sqrt{\pi v}\,\Gamma\left(\frac{v}{2}\right)}\left(1 + \frac{x^2}{v}\right)^{-\frac{v+1}{2}} \tag{1}$$

其中，v 为学氏 t 分布的自由度，反映了分布的尖峰厚尾特征，当学氏 t 分布的自由度趋近于无穷大时，学氏 t 分布退化为正态分布。

对偏态 t 分布而言，Hansen（1994）将其概率密度函数设定如下：

$$f(x|v,\lambda) = \begin{cases} bc\left(1 + \dfrac{1}{v-2}\left(\dfrac{bx+a}{1-\lambda}\right)^2\right)^{-(v+1)/2} &,x < -a/b \\ bc\left(1 + \dfrac{1}{v-2}\left(\dfrac{bx+a}{1+\lambda}\right)^2\right)^{-(v+1)/2} &,x \geqslant -a/b \end{cases}$$

$$a = 4\lambda c\left(\frac{v-2}{v-1}\right), b^2 = 1 + 3\lambda^2 - a^2, c = \frac{\Gamma\left(\dfrac{v+1}{2}\right)}{\sqrt{\pi(v-2)}\Gamma\left(\dfrac{v}{2}\right)} \tag{2}$$

其中，λ 为偏斜参数，反映了分布函数的非对称性，其取值范围为（ -1，1）；v 为自由度参数，反映了分布的尖峰厚尾特征，其取值范围为（2，$+\infty$）。当偏斜参数等于 0 时，偏态 t 分布退化为学氏 t 分布；当偏斜参数等于 0，自由度参数趋向无穷大时，则偏态 t 分布退化为正态分布。

对于收益序列 R_t，GJR – GARCH 模型设定如下：

$$R_t = c + \sum_{j=1}^{p}\varphi_j R_{t-j} + \varepsilon_t \tag{3}$$

$$\varepsilon_t = \sqrt{h_t}z_t \tag{4}$$

$$h_t = \alpha_0 + \sum_{i=1}^{m}\alpha_i\varepsilon_{t-i}^2 + \gamma\varepsilon_{t-1}^2 d_{t-1} + \sum_{j}^{n}\beta_j h_{t-j} \tag{5}$$

$$z_t : m.d.s.(0,1)\ with\ conditional\ CDF\ F(g) \tag{6}$$

其中，式（3）为均值方程，式（5）为条件波动方程，令 $\mu_t = c + \sum_{j=1}^{p}\varphi_j R_{t-j}$，则 μ_t 和 h_t 分别为给定信息 I_{t-1} 下 R_t 的条件均值和条件波动。式（4）定义了标准残差 z_t，式（6）表示标准残差的条件分布的均值为 0，方差为 1。

在条件方差方程中，当 $\varepsilon_{t-1} < 0$ 时 $d_{t-1} = 1$，表示坏消息。其他情况下，$d_{t-1} = 0$，表示好消息。系数 γ 用来度量好消息和对消息对条件方差影响的差异，反映了金融市场的上升市场和下降市场之间的非对称性，即杠杆效应。

关于尾部相关性的估计，有多种 Copula 模型可供选择，如 t – Copula、Gumbel Copula、Clayton Copula 以及 SJC Copula 模型。由于 SJC Copula 模型可以同时刻画非对称的下尾相关性和上尾相关性，因此更具有一般性。同时，为了反映尾部相关性的时变特征，本文拟采用时变二元 SJC Copula 模型对金融机构尾部相关性进行建模。

SJC Copula 是由 Patton（2006b）根据 Joe（1997）提出的 Joe Clayton Copula 发展而来，它的主要优势在于其能够描述非对称的厚尾分布。其函数为

$$C_{SJC}(u_1,u_2|\tau^U,\tau^L) = 0.5 \times (C_{JC}(u_1,u_2|\tau^U,\tau^L)$$
$$+ C_{JC}(1-u_1,1-u_2|\tau^U,\tau^L) + u_1 + u_2 - 1) \tag{7}$$

其中，C_{JC} 表示 Joe Clayton Copula，它有两个参数，分别为上尾相关性系数 τ^U 和

下尾相关性系数 τ^L。顾名思义，这两个参数分别可以用来度量变量间的上尾和下尾之间的关联性。JC Copula 的函数为

$$C_{JC}(u_1,u_2 \mid \tau^U,\tau^L) = 1 - (1 - \{[1 - (1 - u_1)^k]^{-\gamma} + [1 - (1 - u_2)^k]^{-\gamma} - 1\}^{-1/\gamma})^{1/k}$$

$$(8)$$

其中，$k = 1/\log_2(2 - \tau^U)$，$\gamma = -1/\log_2(\tau^L)$，$\tau^U \in (0,1)$，$\tau^L \in (0,1)$。

时变二元 SJC Copula 模型的上尾和下尾相关性的动态结构由如下公式定义：

$$\tau_t^U = \Lambda\left(\omega_U + \beta_U \tau_{t-1}^U + \alpha_U \times \frac{1}{q}\sum_{i=1}^{q} |u_{1t-i} - u_{2t-i}|\right) \qquad (9)$$

$$\tau_t^L = \Lambda\left(\omega_L + \beta_L \tau_{t-1}^L + \alpha_L \times \frac{1}{q}\sum_{i=1}^{q} |u_{1t-i} - u_{2t-i}|\right) \qquad (10)$$

其中，$\Lambda(g)$ 为 logistic 转换函数，以保证上尾和下尾相关性参数位于 $(0,1)$ 区间内，该函数的定义为 $\Lambda(x) \equiv \dfrac{1}{1 + e^{-x}}$。

2.2 金融机构尾部关联网络的构建

在动态尾部相关性参数的基础上，我们可以计算出尾部相关性的年度均值，年度均值可以反映出金融机构尾部风险关联程度年度整体水平。对 N 个金融机构而言，我们将分别得到 $N(N-1)/2$ 个下尾相关性参数。利用这些参数，可以构建出金融机构的下尾相关性矩阵 T^L（对称矩阵），其中矩阵元素 $\tau_{ij}^L (1 \leqslant i,j \leqslant N)$ 为金融机构 i 和 j 之间的下尾相关性参数，N 为金融机构的数量，矩阵对角线元素设为 1。由于不同金融机构之间的尾部风险关联程度存在较大差异，投资者往往更加关注关联程度更加紧密的金融机构，因此，在得到尾部风险关联网络之前，我们需要通过设定阈值 τ_α^L，对尾部相关性矩阵信息进行筛选和过滤，从而得到邻接矩阵 A^L。邻接矩阵的元素满足以下条件：

$$A_{ij}^U = \begin{cases} \tau_{ij}^U, & \tau_{ij}^U \geqslant \tau_\alpha^U \\ 0, & i = j \, or \, \tau_{ij}^U < \tau_\alpha^U \end{cases} \qquad (11)$$

最后，基于邻接矩阵，我们可构建出金融机构尾部风险的无向加权网络，其中金融机构为网络中的节点，金融机构间的尾部风险关联程度代表了节点之间的边。

2.3 网络特征的刻画

1. 网络密度和加权网络密度

网络中实际存在的边数与可能存在的最多边数的比值定义为网络密度，它反映了网络中节点之间相互连接的紧密程度。具体而言，包含 N 个节点的网络

可能存在的最多边数为 $N(N-1)/2$ ，如果实际存在的边数为 M ，则网络密度 Dn 可以表示为

$$Dn = \frac{2M}{N(N-1)} \tag{12}$$

对加权网络而言，我们不仅关注网络中实际存在的边数，也关注边的权重大小。因此，在考虑边的权重的基础上，可以采用加权网络密度来反映网络的整体特征。已知加权网络的邻接矩阵 A ，网络的加权密度可以表示为

$$Dn^w = \frac{2}{N(N-1)} \sum_{i>j} A_{ij} \tag{13}$$

2. 平均路径长度和全局效率

连接网络中两个节点 i 和 j 之间的最短路径上的边数定义为两个节点之间的距离 d_{ij} ，所有节点之间的距离的最大值定义为网络的直径 D ，即

$$D = \max_{i,j} d_{ij} \tag{14}$$

网络的平均路径长度 L 定义为网络中任意两个节点之间的距离的平均值，即

$$L = \frac{2}{N(N-1)} \sum_{i>j} d_{ij} \tag{15}$$

其中，N 为网络节点个数。实证研究表明，虽然许多复杂网络包含大量的节点，网络的平均路径长度却很小，也就是说网络具有小世界效应。

然而，网络的平均路径长度在计算过程中存在一定的问题。如果两个节点之间不存在路径，即节点之间的距离无穷大，网络的平均路径也将趋向无穷大。因此，在平均路径长度的实际计算过程中，通常会忽略无穷大的距离。为了克服平均路径长度的不足，Latora 和 Marchiori（2001）提出了全局效率的概念。全局效率定义为节点之间距离的倒数的平均值，即

$$E = \frac{2}{N(N-1)} \sum_{i>j} d_{ij}^{-1} \tag{16}$$

3. 部门关联密度

为了衡量部门内和部门间的尾部风险关联水平，本文采用李政等（2016）提出的关联密度的概念。根据定义，部门 i 内部的关联密度 CD_i 可以表示为

$$CD_i = \frac{2M_{ii}}{N_i(N_i-1)} \tag{17}$$

部门 i 与部门 j 之间的关联密度 CD_{ij} 可以表示为

$$CD_{ij} = \frac{M_{ij}}{N_i N_j} \tag{18}$$

其中，M_{ii} 表示部门 i 内实际存在的边数的权重之和，M_{ij} 表示部门 i 与部门 j 之间实际存在的边数的权重之和，N_i 和 N_j 为部门 i 和部门 j 中的机构个数。

3. 实证分析

3.1 样本数据选取及描述性统计

为了探究上市金融机构尾部风险网络的动态变化过程，所选取的样本区间设定为 2008 年 1 月 1 日至 2017 年 12 月 1 日。由于 2008 年 1 月 1 日之前仅有 29 家上市金融机构，为了尽可能涵盖较多的上市金融机构，研究样本包含了 2016 年之前上市的 47 家金融机构，其中银行类金融机构 16 家，证券类金融机构 24 家，信托类金融机构 3 家，保险类金融机构 4 家。

表 1 给出了上市金融机构的构成以及机构数量的年度变化情况。对于借壳上市的金融机构，股票的复牌时间设为上市时间，股票价格数据均来源于 Wind 资讯数据库，股票价格采用前复权收盘价。

银行类金融机构包括：中国银行、工商银行、建设银行、平安银行（深发展）、宁波银行、浦发银行、华夏银行、民生银行、南京银行、招商银行、兴业银行、北京银行、交通银行、中信银行、农业银行和光大银行。证券类金融机构包括：申万宏源（宏源证券）、海通证券、东北证券、国元证券、国海证券、广发证券、长江证券、山西证券、西部证券、国信证券、中信证券、国投安信、国金证券、西南证券、东方证券、招商证券、东兴证券、国泰君安、兴业证券、东吴证券、华泰证券、光大证券、方正证券和太平洋。信托类金融机构包括：爱建集团、安信信托和陕国投 A。保险类金融机构包括：中国平安、新华保险、中国太保和中国人寿。

表 1　金融机构数量年度变化情况　　　　　　　　　　单位：家

类别	2008 年	2009 年	2010 年	2011 年	2012 年	2013 年	2014 年	2015 年	2016 年	2017 年
银行	14	14	14	16	16	16	16	16	16	16
证券	9	9	13	15	19	19	18	21	24	24
信托	3	3	3	3	3	3	3	3	3	3
保险	3	3	3	3	4	4	4	4	4	4
合计	29	29	33	37	42	42	41	44	47	47

注：宏源证券 2015 年与申银万国证券合并，并更名为申万宏源。由于宏源证券在 2014 年停牌时间过长，故将其从 2014 年的样本中删除，因此，2014 年证券类金融机构数量少于 2013 年。

为了检验不同的 GARCH 模型和分布假设对金融机构收益序列过滤的效果，我们从 2008 年之前上市的 29 家上市金融机构中随机选取 4 家金融机构。其中我们从银行类金融机构中随机选取招商银行、从证券类金融机构中随机选取中信证券、从信托类金融机构中随机选取陕国投 A、从保险类金融机构中随机选取中国人寿作为代表。

表 2 给出了 4 类金融机构收益序列的统计性描述和序列平稳性检验结果。从偏度和峰度可以看出，金融机构均呈现出偏斜和尖峰厚尾的特征。Jarque - Bera 统计量表明，所有收益序列均表现出非正态性。Ljung - Box 统计量表明，所有收益序列均呈现出波动聚集的特征。因此，根据各类金融机构收益序列的非正态性、尖峰厚尾以及波动聚集等特征，在进行边际分布建模时，需要对收益序列数据进行过滤。

表 2　金融机构收益序列统计性描述和平稳性检验

金融机构	均值	标准差	最大值	最小值	偏度	峰度	J - B 统计量	LB（20）
招商银行	0.015	2.261	9.555	- 10.544	0.041	6.941	1513.050 ***	1378.074 ***
中信证券	- 0.008	2.885	9.571	- 10.554	- 0.029	5.572	647.272 ***	1182.826 ***
陕国投 A	- 0.005	3.405	9.588	- 10.585	- 0.241	4.643	275.111 ***	754.4597 ***
中国人寿	- 0.018	2.487	9.564	- 10.544	0.199	5.975	892.860 ***	1296.321 ***

注：表 2 给出了 4 类金融机构收益序列在选定样本期间 2008 年 1 月 1 日至 2017 年 12 月 1 日的描述性统计量。J - B 统计量指 Jarque - Bera 统计量，LB（20）为收益平方滞后 20 阶 Ljung - Box 统计量。*、**和***分别表示参数在 10%、5% 和 1% 的显著性水平下显著。

表 3 给出了在学氏 t 分布和偏态 t 分布下，模型相关参数的估计值。由表 3 可以看出，偏态 t 分布下，模型的估计效果要优于学氏 t 分布下的估计效果。从表 3 中，我们还可以看出，四类金融机构的收益序列均表现出波动聚集的现象，而均不存在杠杆效应。此外，除了证券类金融机构外，其他金融机构的收益序列分布均表现出非对称性。为了进一步检验不同分布假设对残差边际分布拟合效果的影响，我们分别给出了正态分布、学氏 t 分布以及偏态 t 分布的拟合效果，结果见图 1 至图 4。由图 1 至图 4 我们可以看出，相比于其他两种常用分布，偏态 t 分布能够更好地拟合数据。因此，在接来的研究中，我们将采用 GJR - GARCH（1，1）模型和偏态 t 分布对数据进行过滤。

表 3　GJR - GARCH 模型估计结果

模型参数	银行类		证券类		信托类		保险类	
	学氏 t	偏态 t	学氏 t	偏态 t	学氏 t	偏态 t	学氏 t	偏态 t
c	- 0.008	0.040	- 0.036	0.005	0.029	- 0.040	- 0.050 **	0.000
φ_1	- 0.034	- 0.033 *	- 0.029	- 0.026	- 0.059 ***	- 0.056 **	- 0.030 *	- 0.030
α_0	0.018	0.017	0.019	0.019	0.047	0.050	0.040 ***	0.0354 **
α_1	0.051 ***	0.051 ***	0.051	0.051	0.065 ***	0.065 ***	0.060 ***	0.061 ***

续表

模型参数	银行类		证券类		信托类		保险类	
	学氏 t	偏态 t	学氏 t	偏态 t	学氏 t	偏态 t	学氏 t	偏态 t
β_1	0.942 ***	0.944 ***	0.943 ***	0.943 ***	0.942 ***	0.941 ***	0.929 ***	0.931 ***
γ	0.013	0.011	0.012	0.012	− 0.013	− 0.012	0.018	0.014
v	4.710 ***	4.786 ***	4.420 ***	4.508 ***	5.066 ***	4.978 ***	5.077 ***	5.144 ***
λ	—	0.099 ***	—	0.068	—	− 0.085 ***	—	0.089 ***

注：参数由 GJR – GARCH 模型估计得到。＊表示参数估计在 10% 显著性水平下显著，＊＊表示参数估计在 5% 显著性水平下显著，＊＊＊表示参数估计在 1% 显著性水平下显著。

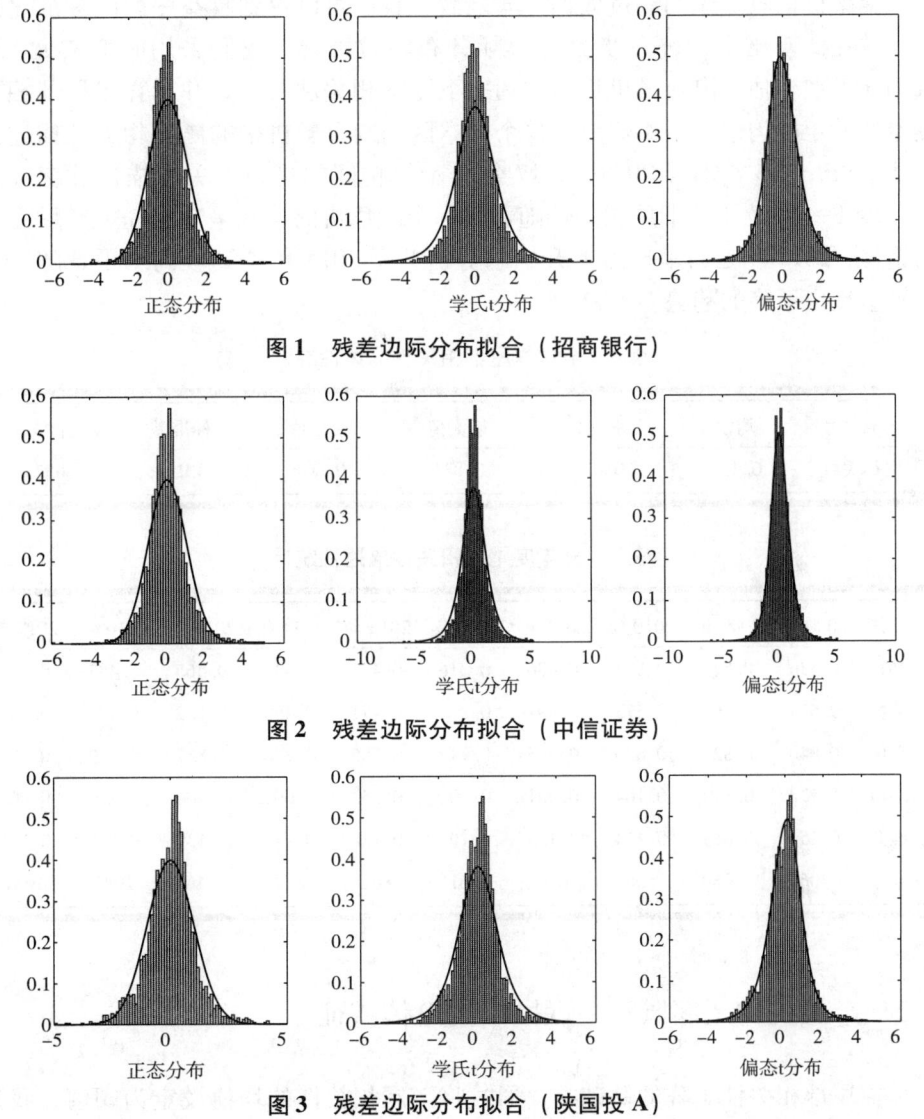

图 1 残差边际分布拟合（招商银行）

图 2 残差边际分布拟合（中信证券）

图 3 残差边际分布拟合（陕国投 A）

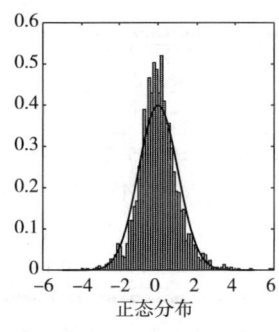 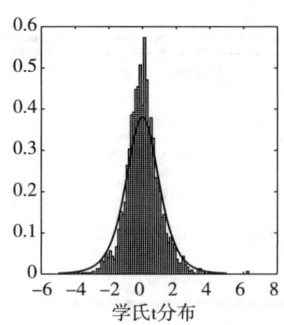 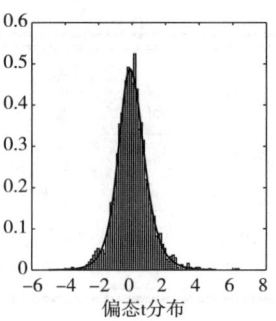

正态分布　　　　　　　学氏t分布　　　　　　　偏态t分布

图4　残差边际分布拟合（中国人寿）

金融机构收益序列经过数据过滤之后，我们可以得到收益序列的标准化残差，并在此基础上，进一步得到边际分布。紧接着，我们采用时变二元 SJC Copula 模型，估计出金融机构间的动态下尾部相关性参数，并计算出尾部相关性参数的年度均值。表4 给出了整个样本区间内金融机构的尾部相关性描述性统计结果，表5 给出了 2008—2017 年金融机构间的尾部相关性描述性统计结果。2008—2017 年，下尾相关性随着国际金融危机的出现呈现出先上升后下降的趋势，2012 年之后呈现出上升的趋势，并于 2015 年达到较高水平，随后又开始呈现出下降的趋势。

表4　全样本尾部相关性描述性统计

尾部相关性	均值	中位数	最大值	最小值	标准差	样本量
上尾相关性	0.417	0.428	0.841	0.001	0.184	6575

表5　分年度尾部相关性描述性统计

统计值	2008 年	2009 年	2010 年	2011 年	2012 年	2013 年	2014 年	2015 年	2016 年	2017 年
均值	0.530	0.571	0.573	0.486	0.316	0.473	0.443	0.565	0.482	0.186
中位数	0.534	0.565	0.573	0.497	0.294	0.471	0.450	0.552	0.473	0.143
最大值	0.840	0.823	0.820	0.795	0.742	0.785	0.786	0.857	0.810	0.698
最小值	0.122	0.340	0.164	0.001	0.001	0.053	0.001	0.166	0.1137	0.001
标准差	0.151	0.088	0.124	0.123	0.195	0.134	0.149	0.139	0.167	0.168
样本量	406	406	528	666	861	861	820	946	1081	1081

3.2　金融机构尾部风险关联网络的总体特征

在尾部相关性矩阵的基础上，通过将下尾相关性的均值设定为阈值，我们进一步可以得到邻接矩阵 A^L。由表 5 可以看出，在不同年份，金融机构间的尾部相关性存在着较大的差异，通过将全样本的均值设为阈值，我们能够对金融机构尾部风险关联网络的年度差异进行对比。表 6 给出了样本期内每个年度的金融机构尾部风险关联网络的总体特征。同时，为了更加直观地观察尾部风险关联网络的动态变化，图 5 给出了 2008 年、2012 年、2015 年和 2017 年的金融机构尾部风险关联网络。

首先，网络的平均路径长度和直径远低于网络中的节点数，表明金融机构的尾部风险关联网络具有"小世界现象"。由表 6 可知，尾部风险关联网络的平均路径长度的最大值为 2.389，最小值为 1.145，网络直径的最大值为 6，最小值为 2。由于网络的平均路径长度和直径在计算过程中，忽略了两个节点之间不存在路径的情况，因此具有一定的局限性。全局效率指标能够更好地反映出整个网络的连通效率。由表 6 可知，危机期间（2008—2009 年国际金融危机，2015 年中国"股灾"），网络的连通效率处于较高的水平，表现出较为明显的"小世界现象"。

表 6　金融机构尾部风险关联网络总体特征

指标	2008 年	2009 年	2010 年	2011 年	2012 年	2013 年	2014 年	2015 年	2016 年	2017 年
网络直径	3	2	2	3	6	4	4	3	3	4
网络密度	0.650	0.855	0.790	0.538	0.244	0.456	0.409	0.704	0.475	0.100
加权网络密度	0.403	0.507	0.489	0.308	0.144	0.269	0.240	0.446	0.299	0.053
平均路径长度	1.377	1.145	1.210	1.520	2.389	1.624	1.749	1.302	1.588	1.786
全局效率	0.821	0.927	0.895	0.759	0.369	0.715	0.679	0.851	0.703	0.168

其次，金融机构的尾部风险关联水平具有明显的时变特征。由表 6 中网络密度和加权网络密度的变化情况可知，2008—2009 年国际金融危机期间，尾部风险关联水平维持在较高的水平，2010—2012 年后危机时期，尾部风险关联水平呈现出下降的趋势，随后在震荡中上升，并于 2015 年达到峰值，之后，随着金融监管的加强，尾部风险关联水平急剧回落，并于 2017 年达到最低值。尾部风险关联水平整体变化情况表明，在危机期间，金融机构间的风险关联性更加紧密，存在着潜在的系统性风险，危机之后，随着金融监管的加强，潜在的系统性风险逐渐释放，市场趋于更加稳定的状态。

最后，金融机构尾部风险关联网络的拓扑结构具有明显的时变特征。由图 5 可知，尾部风险关联网络的拓扑结构呈现出显著的变化。例如，在 2008 年和 2015 年，尾部风险关联网络具有较高的连通性，节点之间通过大量的边彼此连接在一起，而在 2012 年和 2017 年，网络的连通性大大降低，网络中存在着孤立的节点。网络中不同类别的金融机构间的连通性也发生了显著的变化。

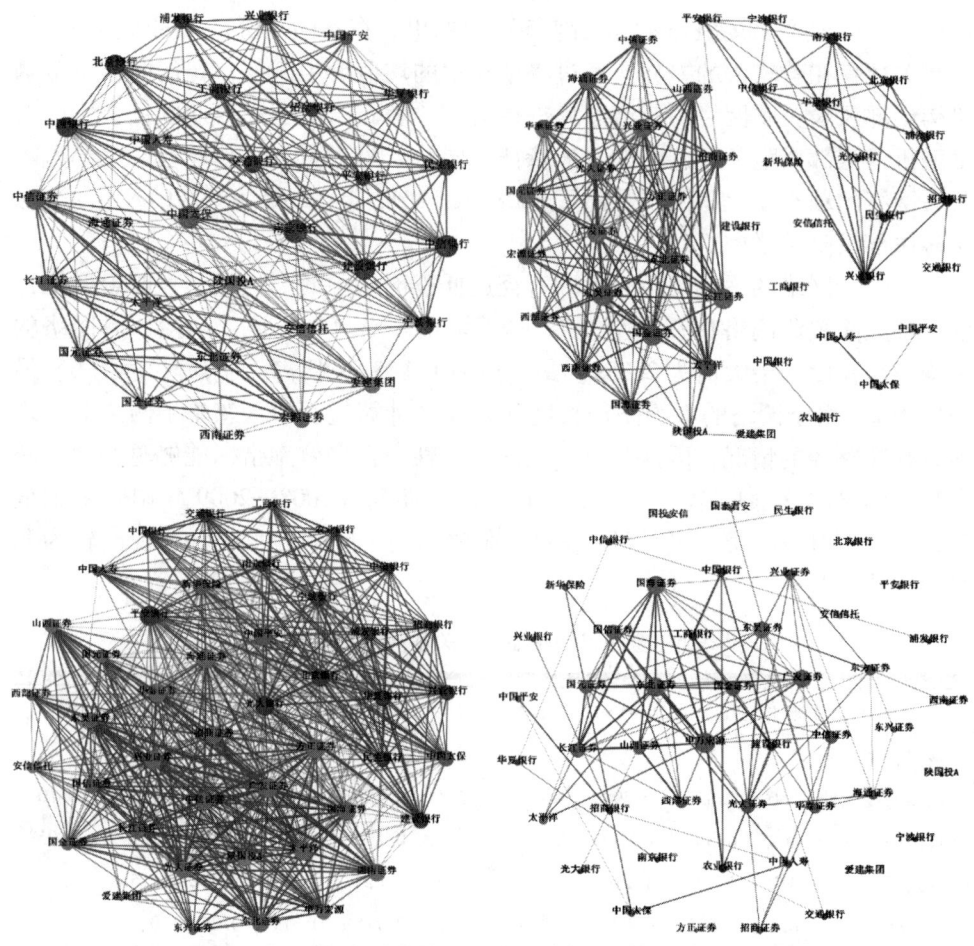

图5　2008 年、2012 年、2015 年和 2017 年尾部风险关联网络

3.3　金融部门的尾部风险关联性

为了进一步分析不同的金融部门内以及金融部门间的尾部风险关联性特征，我们采用式（18）和式（19）定义的关联密度分别对金融部门内和金融部门间的尾部风险关联性进行度量。表 7 给出了金融部门内以及金融部门间的关联密度的动态演变情况。

在尾部风险关联网络中，对任意一个金融部门而言，金融部门内的关联密度均大于金融部门间的关联密度。在国际金融危机期间，不管是金融部门内部，还是金融部门之间，关联密度均处于较高的水平，从而提高了整个金融系统内的风险关联性。整个样本期内，金融部门间的关联密度存在着显著的差异。首先，银行部门与保险部门之间的关联密度整体上大于银行部门与其他金融部门之间的关联密度，证券部门与信托部门之间的关联密度整体上大于证券部门与其他部门之间的关联密度。这说明，银行部门与保险部门之间的尾部风险关联更加紧密，而证券部门与信托部门之间的尾部风险关联更加紧密。其次，在国际金融危机期间，银行部门与信托部门、银行部门与证券部门以及信托部门与保险部门之间具有一定的关联性，而在其他时期，几乎不存在关联性，彼此相对独立。最后，证券部门与保险部门之间的关联密度一直处于较低的水平。

表 7　金融部门的尾部风险关联性

指标	2008 年	2009 年	2010 年	2011 年	2012 年	2013 年	2014 年	2015 年	2016 年	2017 年
银行—银行	0.649	0.609	0.686	0.479	0.191	0.475	0.447	0.696	0.395	0.062
银行—证券	0.129	0.417	0.480	0.207	0.002	0.135	0.058	0.231	0.073	0.000
银行—信托	0.289	0.421	0.276	0.021	0.000	0.021	0.012	0.112	0.032	0.000
银行—保险	0.564	0.528	0.366	0.329	0.000	0.180	0.321	0.623	0.305	0.016
证券—证券	0.664	0.718	0.691	0.580	0.551	0.570	0.551	0.710	0.656	0.168
证券—信托	0.592	0.584	0.393	0.068	0.078	0.125	0.181	0.493	0.320	0.000
证券—保险	0.235	0.318	0.230	0.338	0.000	0.165	0.085	0.336	0.202	0.000
信托—信托	0.693	0.650	0.194	0.340	0.178	0.192	0.530	0.419	0.205	0.000
信托—保险	0.236	0.409	0.111	0.000	0.000	0.000	0.000	0.128	0.000	0.000
保险—保险	0.683	0.692	0.661	0.403	0.282	0.500	0.609	0.704	0.383	0.355

3.4　稳健性检验

为了检验不同的阈值对金融机构尾部风险关联网络特征的影响，我们同样也考虑了将全样本的尾部相关性中位数作为阈值，从而构建新的尾部风险关联网络。表 8 给出了金融机构尾部风险关联网络的总体特征，表 9 给出了金融部门的尾部风险关联性。对比表 6 和表 8、表 7 和表 9，我们可以得到相似的结论。

表 8　金融机构尾部风险关联网络总体特征（中位数）

指标	2008 年	2009 年	2010 年	2011 年	2012 年	2013 年	2014 年	2015 年	2016 年	2017 年
网络直径	3	2	2	3	6	4	4	3	4	4
网络密度	0.613	0.810	0.754	0.500	0.242	0.403	0.374	0.667	0.450	0.081
加权网络密度	0.385	0.485	0.472	0.290	0.143	0.243	0.223	0.428	0.286	0.044
平均路径长度	1.419	1.190	1.246	1.568	2.393	1.727	1.833	1.345	1.637	1.853
全局效率	0.801	0.905	0.877	0.739	0.367	0.681	0.654	0.832	0.687	0.136

表 9　金融部门的尾部风险关联性（中位数）

指标	2008 年	2009 年	2010 年	2011 年	2012 年	2013 年	2014 年	2015 年	2016 年	2017 年
银行—银行	0.638	0.603	0.686	0.459	0.191	0.467	0.419	0.696	0.371	0.043
银行—证券	0.101	0.378	0.461	0.186	0.002	0.100	0.049	0.194	0.056	0.000
银行—信托	0.278	0.397	0.218	0.021	0.000	0.010	0.012	0.101	0.032	0.000
银行—保险	0.564	0.528	0.331	0.299	0.000	0.141	0.282	0.615	0.275	0.009
证券—证券	0.637	0.718	0.684	0.571	0.545	0.556	0.531	0.710	0.656	0.145
证券—信托	0.592	0.584	0.367	0.046	0.078	0.108	0.181	0.478	0.300	0.000
证券—保险	0.199	0.264	0.217	0.306	0.000	0.107	0.058	0.302	0.196	0.000
信托—信托	0.693	0.650	0.194	0.340	0.178	0.192	0.365	0.419	0.205	0.000
信托—保险	0.182	0.300	0.111	0.000	0.000	0.000	0.000	0.128	0.000	0.000
保险—保险	0.683	0.692	0.661	0.403	0.282	0.500	0.609	0.704	0.383	0.281

4. 结　论

　　基于金融机构间的尾部相关性，本文构建了我国上市金融机构的动态尾部风险关联网络。从网络的总体特征出发，本文对尾部风险关联性的时变特征和网络的拓扑结构展开了研究。本文进一步分析了金融部门内和部门间的尾部风险关联性的时变特征。

　　研究结果表明，首先，金融机构的尾部风险关联网络具有"小世界现象"，国际金融危机期间的"小世界现象"更加明显。其次，金融机构的尾部风险关联水平具有明显的时变特征。2008—2009 年国际金融危机期间，尾部风险关联水平维持在较高的水平，2010—2012 年后危机时期，尾部风险关联水平呈现出下降的趋势，随后在震荡中上升，并于 2015 年达到峰值，随后尾部风险关联水平急剧回落，并于 2017 年达到最低值。再次，金融机构尾部风险关联网络的拓扑结构具有明显的时变特征。最后，在危机期间，金融部门内和部门间的关联密度均处于较高的水平，潜在的系统性风险较高。银行部门与保险部门之间的尾部风险关联更加紧密，而证券部门与信托部门之间的尾部风险关联更加紧密。

参考文献

［1］鲍勤，孙艳霞．网络视角下的金融结构与金融风险传染［J］．系统工程

理论与实践，2014，34（9）：2202 – 2211.

[2] 高波，任若恩．基于 Granger 因果网络模型的金融机构系统重要性评估 [J]．管理评论，2013，25（6）：3 – 10 + 58.

[3] 贾彦东．金融机构的系统重要性分析——金融网络中的系统风险衡量与成本分担 [J]．金融研究，2011（10）：17 – 33.

[4] 李守伟，何建敏，庄亚明，施亚明．基于复杂网络的银行同业拆借市场稳定性研究 [J]．管理工程学报，2011，25（2）：195 – 199.

[5] 李政，梁琪，涂晓枫．我国上市金融机构关联性研究——基于网络分析法 [J]．金融研究，2016（8）：95 – 110.

[6] 欧阳红兵，刘晓东．基于网络分析的金融机构系统重要性研究 [J]．管理世界，2014（8）：171 – 172.

[7] 欧阳红兵，刘晓东．中国金融机构的系统重要性及系统性风险传染机制分析——基于复杂网络的视角 [J]．中国管理科学，2015，23（10）：30 – 37.

[8] 王晓枫，廖凯亮，徐金池．复杂网络视角下银行同业间市场风险传染效应研究 [J]．经济学动态，2015（3）：71 – 81.

[9] Allen, F. , & Gale, D. . Financial Contagion [J]．*Journal of Political economy*, 2000, 108（1）：1 – 33.

[10] Billio, M. , Getmansky, M. , Lo, A. W. , & Pelizzon, L. Econometric Measures of Connectedness and Systemic Risk in the Finance and Insurance Sectors [J]．*Journal of Financial Economics*, 2012, 104（3）：535 – 559.

[11] Camelia Minoiu, & Javier A. Reyes. A Network Analysis of Global Banking：1978—2010 [J]．*Journal of Financial Stability*, 2013, 9（2）：168 – 184.

[12] Demirer, M. , Diebold, F. X. , Liu, L. , & YIlmaz, K. *Estimating Global Bank Network Connectedness*（No. w23140）[D]．National Bureau of Economic Research, 2017.

[13] Diebold, F. X. , & YIlmaz, K. On the Network Topology of Variance Decompositions：Measuring the connectedness of financial firms [J]．*Journal of Econometrics*, 2014, 182（1）：119 – 134.

[14] Elsinger, H. , Lehar, A. , & Summer, M. Risk assessment for banking systems [J]．*Management Science*, 2006, 52（9）：1301 – 1314.

[15] Hansen, B. E. Autoregressive Conditional Density Estimation [J]．*International Economic Review*, 1994, 35（3）：705 – 730.

[16] Härdle, W. K. , Wang, W. , & Yu, L. Tenet：Tail – event Driven Network Risk [J]．*Journal of Econometrics*, 2016, 192（2）：499 – 513.

[17] Hautsch, N. , Schaumburg, J. , & Schienle, M. Forecasting Systemic Impact in Financial Networks [J]．*International Journal of Forecasting*, 2014, 30

(3): 781 – 794.

[18] Hautsch, N. , Schaumburg, J. , & Schienle, M. Financial Network Systemic Risk Contributions [J]. *Review of Finance*, 2015, 19 (2): 685 – 738.

[19] Joe, H. *Multivariate Models and Multivariate Dependence Concepts* [M]. CRC Press, 1997.

[20] Latora, V. , & Marchiori, M. Efficient Behavior of Small – world Networks [J]. *Physical Review Letters*, 2001, 87 (19): 198701.

[21] Patton, A. J. Modelling Asymmetric Exchange Rate Dependence [J]. *International Economic Review*, 2006, 47 (2): 527 – 556.

[22] Said, F. F. Global Banking on the Financial Network Modelling: Sectorial Analysis [J]. *Computational Economics*, 2017, 49 (2): 227 – 253.

[23] Yang, J. , & Zhou, Y. Credit Risk Spillovers Among Financial Institutions Around the Global Credit Crisis: Firm – level Evidence [J]. *Management Science*, 2013, 59 (10): 2343 – 2359.

基于杠杆视角的分级基金不定期折算风险研究

杜 江[①] 程 聪[②]

1. 引 言

2015 年上半年我国股票市场出现了自 2007 年以来的大牛市，上证指数最高达到 5178.19 点。之后急剧下行，2016 年 1 月 29 日下探至最低 2638.30 点。随着股票市场行情如过山车式的大涨大跌，分级基金的杠杆性放大了投资的损失，在 2015 年 7 月至 9 月出现了 64 次不定期向下折算。分级基金的多起不定期向下折算引起包括投资者、监管层和媒体的极大关注。投资者在不定期向下折算发生前后遭受了巨大的损失，媒体大幅的报告导致基金经理面临巨大的压力。分级基金是我国资本市场上形式独特的金融产品，其结构设计复杂，分级基金在其发展过程中不断获得投资者的认可，同时，这也导致投资者缺乏对该产品风险的深刻认知。特别是我国资本市场参与者以个人投资者为主体，更容易导致投资者盲目跟从。2015 年多只分级基金的不定期向下折算充分暴露了分级基金的投资风险和参与者的认知缺失。然而，当前国内对分级基金的研究主要集中于证券、基金公司的投资研究部门，其研究结果为公司投资部门提供决策参考或者以付费的形式出售给其他机构投资者使用。公开发表的学术论文则主要研究分级基金的折溢价和定价问题。具体的研究成果如下所述。

1.1 分级基金折溢价和套利问题研究

套利交易存在的前提是市场存在折溢价。针对中国分级基金整体折溢价问题，有学者证实在不考虑交易成本的情况下，中国市场也存在无风险套利机会（黄瑜琴等，2012；周寰宇，2015）。周寰宇（2015）以分级基金份额配比为基础，构建整体折溢价率，并运用 JO 检验法，证实在不考虑交易成本的情况下，有一半分级基金存在整体折溢价，但是初始杠杆与折溢价率的关系在统计上不

---

① 作者单位为四川大学科技金融研究中心。

② 作者单位为四川大学经济学院，华安证券股份有限公司西南投资银行部。

显著。对整体折溢价的分级基金的赎回风险与价格杠杆的关系的分析结果显示，价格杠杆、整体折价与赎回风险分别呈负相关和正相关，但二者在统计上都不显著。不过，这些研究是从理论上判断分级基金市场是否存在整体折溢价。马子舜（2015）和陈怡（2012）对分级基金的套利策略进行了实证检验。马子舜（2015）以分级基金投资者价值为基础，运用模拟交易在真实环境下测试套利策略，实证研究表明虽然融资性分级基金大部分存在溢价交易，但因溢价套利涉及的相关交易成本较高，套利过程中母基金净值波动风险也不能完全通过股指期货进行对冲，由此得出高频套利的收益并不显著，且净值回撤较大，配对转换机制套利策略并不能获得较好效果。陈怡（2012）基于配对转换机制套利时滞风险会导致其套利效率不高的前提，提出采取统计套利策略研究分级基金的套利问题。其研究结果表明，相比优先份额，进取份额是成对交易策略更稳定的交易标的。无论是熊市还是牛市，这种套利策略都可以获得超额收益以及高于大盘的夏普比率，在单边熊市下，组合价差长期偏离均衡，该策略无法获得绝对收益。

也有学者从分级基金 A、B 子份额的折溢价角度进行研究。马刚（2014）在配对转换机制背景下研究分级基金 A、B 子份额的折溢价影响机制，研究表明 A、B 子份额的交易价格受到整体折溢价率的制约，套利交易者的投机行为会使整体折溢价率处于较低水平。并且，A 份额的折价率长期上保持相对稳定。进而 B 份额的溢价状态在市场套利者的推动下处于明显被动的状态。苟莹（2014）对影响分级基金折溢价率的因素大小的实证研究结果显示，按照影响分级基金折溢程度从高到低，主要有大盘指数、向下到点折算距离、实际杠杆、资金成本和产品流动性等。

1.2　关于分级基金定价问题的研究

分级基金定价研究主要集中于运用各类定价模型对具体某只分级基金进行定价，以及对各类定价模型的效果进行比较。王杨等（2011）构建了风险中性价格 B－S 期权定价模型，研究分级基金的定价，通过数值模拟得到其偏微分方程的解。王静明（2013）认为虽然 A 类份额存在看跌期权价值，但该期权属于深度价外期权，从而将 A 类份额的价值定义为债券价值＋配对转换价值，运用现金流折现模型估算正常的债券价值并除去递延收益风险的补偿得到 A 类份额的价值；同时将 B 类份额视作看涨期权，其价值为期权价值加配对转换价值，故采取 B－S 定价模型进行估计。尽管对 A 类份额的定价忽略看跌期权价值存在不合理之处，但与当时的分级基金市场情形一致：2013 年及之前仅发生过 2 次分级基金向下折算事件，即在众多运行的分级基金中仅两只显现出看跌期权价值。赵贵珺（2014）比较 B－S 期权定价模型、GARCH 期权定价模型和 Heston 期权定价模型的研究结果显示，Heston 模型定价效果优于 GARCH 模型，GARCH 模型优于 B－

S 模型，三者定价结果偏离程度不大。B–S 期权定价虽然存在较多难以满足的假设条件，但仍然具备较强的适用性（李小妹，2016）。杨倩君（2014）认为 B–S 期权定价模型与二叉树模型定价较为接近，但蒙特卡罗模拟的定价方法效果不佳。刘晨和安毅（2016）对分级基金 A 份额的期权价值的研究认为，A 份额的期权价值的关键在于母基金净值收益率和波动率，在建立起 A 份额期权价值公式进行实证分析的基础上，表明整体折溢价率、母基金净值波动率和初始份额与 A 份额期权价值正相关，而下折时间、贴现率和市场情绪与 A 份额期权价值负相关。特别是市场情绪是影响 A 份额期权价值的重要因素，负向情绪会加速 B 份额不定期向下折算，使 A 份额的期权价值提前实现。

可以看出，学者对分级基金研究的重点在于折溢价套利和定价等方面。在对分级基金折溢价的研究方面，众多学者均证实了在不考虑交易成本的前提下整体折溢价存在，但是并不能取得可观的套利收益；同时 A、B 份额两者折溢价相互关系的研究成果，为本文后续的研究提供了借鉴。在对分级基金定价的研究方面，无论是从理论上对母基金、A 份额、B 份额价值的研究还是从实证上对具体某只分级基金定价已经较为成熟，研究成果较为丰富，区分了各类定价方法的适用条件，证实了各类定价方法的功效。

但是，分级基金作为一类金融投资产品除研究其投资价值之外，其风险也不容忽略，投资者、监管者和基金经理都高度关注。因此，需要对分级基金的风险进行研究，特别是，针对分级基金不定期折算风险，学术界并未给出确切定义，本文将分级基金不定期折算风险作为研究内容，从杠杆视角研究分级基金不定期折算风险以及影响因素。

2. 不定期折算风险的影响因素及理论建模

2.1　不定期折算风险的定义

1. 不定期折算风险的理论分析

尽管分级基金不定期折算包括不定期向上折算和不定期向下折算，且存在 A、B 两类子份额投资者。因此，存在 4 种组合：A 份额不定期向上折算、B 份额不定期向上折算、A 份额不定期向下折算、B 份额不定期向下折算。

事实上，只有在 B 份额不定期向下折算的情况下投资者才会承担风险。具体原因如下：

（1）由于存在配对转换机制和套利交易，长期而言，母基金的折溢价率维持较低水平。同时，中国的分级基金市场长期存在着 A 份额折价而 B 份额溢价的情形，两者各自的折溢价率呈现出同增同减的趋势。而 B 份额投资者主要获得杠杆收益，在当前杠杆产品稀缺的市场背景下，分级基金的杠杆水平成为影响 B 份额溢价率的重要因素。具体而言，分级基金净值杠杆越高，B 份额的溢价率越大；反之则相反。

（2）大部分分级基金都是永续型分级基金，A 份额投资者类似投资于永续债券。对 A 份额投资者而言，一方面，取得收益的主要方式是按照条款约定获取固定收益；另一方面，A 份额的债券性质决定它的折溢价率主要受到债券市场长期利率风险结构的影响。分级基金的不定期向上折算机制的发生，将 A 份额净值超过 1 元的部分折算为母基金，投资者可以通过赎回或者分拆为 A、B 子份额卖出的方式取得收益。从而，不定期向上折算为 A 份额投资者提供了除约定收益外的额外收益，并且长期债券的利率风险结构与是否折算无关，进而不定期向上折算前后其二级市场折溢价率并不会发生较大变动。因此，对于 A 份额投资者，无论是从净值角度还是从价格角度，不定期向上折算均不会产生折算风险，反而不定期向上折算能为 A 份额投资者带来额外收益。

（3）不定期向上折算发生临近前，跟踪指数表现优异，分级基金业绩出现不断增长的趋势时，B 份额净值将随母基金净值的增长而成倍增长。B 份额净值的增长将导致净值杠杆持续下降，从而对投资者的吸引力也随之下降；同时在确定性收益和预期损失之间，B 份额投资者将会倾向于在二级市场卖出所持 B 份额，进一步推动 B 份额的溢价率不断下降。当基础份额净值触及约定的不定期向上折算阈值时，不定期向上折算的发生将使基础份额、A 份额、B 份额净值拆分折算为 1。折算发生后，分级基金净值杠杆回归到初始杠杆水平，杠杆上升。但是，不定期向上折算并不会改变基金业绩的变化趋势，分级基金净值仍处于上升通道。从而，在杠杆收益和基金业绩未来预期的基础上，B 份额的溢价将会进一步提高。因此，整体而言不定期向上折算短期利好 B 份额投资者，对 B 份额投资者而言并不存在折算风险。

（4）不定期向下折算对 A 份额投资者而言与不定期向上折算在折溢价率的决定因素和额外收益方面基本类似。但仍存在特别之处：其一，在 B 份额净值临近不定期向下折算阈值时，A 份额产生看跌期权价值。具体而言，如果不定期向下折算发生，A 份额净值中超过向下折算阈值的部分将折算为母基金的形式返还给投资者。按照现行分级基金市场普遍将向下折算阈值设定为 0.25 元计算，返还给投资者的部分将超过 0.75 元/份，这意味着本金的绝大部分将得到收回；但同时，以母基金的形式将超过阈值的部分返还给 A 份额投资者，使 A 份额投资者的该部分资产面临风险暴露的风险。其二，不定期向下折算发生时，市场处于下行阶段，B 份额净值折算后往往会进一步下跌。A 份额的看跌期权价值较不定期向上折算后的价值会更大，反映在 A 份额二级市场上，其折价率会更低。

（5）在 B 份额临近不定期向下折算前，B 份额投资者已经浮亏绝大部分资产。行为金融学中的前景理论表明，投资者已经损失的情况下往往更加偏向于冒险，从而使 B 份额投资者大部分已经转变成了风险偏好者。同时，分级基金的高杠杆将对市场原本的风险偏好者产生较大的吸引力。由于两种效应的叠加，B 份额的溢价率便随着净值的下跌而不断增长。若基金净值持续下跌导致不定期折算发生，B 份额净值回归 1 但溢价率大幅下降，投资者将承受二级市值下跌的风险。

另外，在 B 份额临近向下折算前，B 份额投资者面临两种选择：溢价出售所持 B 份额或者继续持有 B 份额来赌博基金净值的成倍反弹。若溢价出售，投资者仍将面临损失；若继续持有在承受价格风险的情况下，仍可能获取更高的收益，而此时 B 份额投资者基本不关注下一个交易日母基金净值增长的概率，按照确定性的收益与出售产生的确定性损失进行对比。

2. 不定期折算风险的数理推断

假定溢价率为 θ，若溢价出售投资者的持有期收益率如式（1）所示：

$$Yield_{t+1} = Yield_t = V_{b,t}(1 + \theta) - 1 \qquad (1)$$

如果继续持有 B 份额，在 $t + 1$ 时刻母基金净值增长率为 ω，则 B 份额的持有期收益率如式（2）所示：

$$Yield_{t+1} = \left[(1 + \theta)V_{b,t} + (L_0 - 1)V_{a,t} \cdot \omega\right] - 1 \qquad (2)$$

根据式（1）和式（2），要使继续持有的收益率大于溢价出售的收益率，只需要满足式（3）即可：

$$\omega < \left[1 + \frac{(L_0 - 1)V_{a,t}}{V_{b,t}}\right]\theta \qquad (3)$$

由于中国证券市场存在涨跌幅限制，导致跟踪指数的日内收益率被限制在 $[-10\%, 10\%]$，进而 $\omega < 10\%$ 是先决条件。而临近不定期向下折算时，B 份额的溢价率往往能达到 20%，甚至更高的能达到 60%。从而，式（3）必然成立。

因此，在对临近不定期向下折算时，B 份额投资者溢价出售的确定性损失与继续持有可能获取的收益进行量化分析的基础上，可知此时 B 份额投资者"赌徒心理"状态会驱使其继续持有。而一旦继续持有，如果"赌博失败"则将面临份额缩减、溢价率大幅下跌的市值缩减风险。故 B 份额投资者将会面临不定期向下折算风险。

3. 不定期折算风险的概念

综上所述，本文将分级基金不定期折算风险定义为 B 份额投资者面临不定期向下折算时承担的市值缩减和净值波动的期望收益。

因此，对不定期折算风险的研究包括两个方面：其一，在 t 时刻预测 $t + 1$ 时刻是否有可能发生不定期向下折算；其二，如果有可能发生不定期向下折算，则 t 时刻预测的 $t + 1$ 时刻的期望收益如何。

2.2 不定期折算风险影响因素

1. 初始杠杆对不定期折算风险的影响

初始杠杆是分级基金设计中最优先的风险控制手段，在整个分级基金风险控制体系中起着全局性的作用。具体而言，初始杠杆决定了在 B 份额相同净值水平下净值杠杆的大小，从而对母基金净值变动带来的 B 份额净值变动产生影响；同时，初始杠杆是 B 份额投资者筹集 A 份额投资者资金的杠杆倍数，决定了 B 份额投资者的投资成本，从而决定了对 A 份额投资者的最低保障水平。因此，初始杠杆对不定期折算风险的影响主要体现如下：

在不考虑其他因素的前提下，当初始杠杆设定水平较高时，净值杠杆较高。母基金净值相同幅度的波动将导致更高的 B 份额净值波动，从而使 B 份额净值的区间估计域更广。更广的区间估计域，一方面意味着 B 份额净值更加容易触及向下折算阈值，发生不定期向下折算导致溢价率下跌；另一方面意味着 $t+1$ 时刻 B 份额净值的估计值更为分散，而低于不定期向下折算阈值的区域和高于不定期向下折算阈值的区域都将扩大，阈值左右两部分分别使期望收益下降和期望收益上升，最终的影响结果则将视 B 份额净值所处的位置而定。同时，初始杠杆的设定将会影响 B 份额在二级市场的价格，随着初始杠杆的上升，B 份额的杠杆效应越为明显，对风险偏好者的吸引力增加，从而使价格上升和溢价率提高。同等条件下，导致发生不定期向下折算后投资者损失的溢价率差额增加，不定期折算风险上升。

2. 向下折算阈值对不定期折算风险的影响

向下折算阈值作为不定期折算机制的重要组成部分，一方面对 A 份额投资者的收益起着安全垫的作用；另一方面限制分级基金的杠杆倍数不至于过度放大，将 B 份额投资者的单日最高涨跌幅限制在可控的范围之内。因此，向下折算阈值对不定期折算风险的影响在于调节可能发生折算概率的同时影响着临近不定期向下折算时的溢价率。

向下折算阈值设定过大，意味着母基金净值下跌的范围收窄，在降低杠杆效应的同时发生不定期向下折算的概率上升。与此同时，频繁的不定期向下折算会增加 A 份额看跌期权的价值。从看跌期权价值的角度，则会从两个途径引起 B 份额溢价率的下跌：其一，看跌期权价值的增加额外提升 A 份额的投资价值，投资者将会通过申购母基金拆分为 A、B 子份额并迅速卖出 B 份额的方式取得 A 份额，进而导致 B 份额的市场供给增多，溢价率下跌；其二，A 份额投资价值的增加本身会提高 A 份额的二级市场价格，折价率减小，配对转换无套利机制的存在将 A 份额的折价率传递到 B 份额的二级市场，导致 B 份额溢价率下跌。另外，杠杆效应作为投资 B 份额重要的参考因素，向下折算阈值设定过高意味着最大净值杠杆降低，这将直接导致 B 份额的溢价率下降。

因此，简单来说向下折算阈值将会导致发生折算的概率和发生折算前后 B 份额二级市场溢价率的差额。

3. 母基金净值波动率对不定期折算风险的影响

分级基金多采取被动跟踪指数的策略，指数收益率业绩的表现直接影响母基金的净值变化，进而在扣除 A 份额约定收益率后决定 B 份额净值的变化。然而，在分级基金的实际运作过程中，存在母基金净值与跟踪指数收益率间偏离的情形。该偏离程度会控制在日均 0.35% 且年均 4% 以内。因此，为更有效地研究不定期折算风险的影响因素，本文认为以母基金净值作为参考更为恰当。母基金净值波动率对不定期折算风险的影响与初始杠杆对不定期折算风险的影响机制类似。

基于 t 时刻既定的母基金净值，其波动率的大小直接影响 $t+1$ 时刻母基金净值可能的范围。在分级基金杠杆效应的作用下，传导至 B 份额使其在 $t+1$ 时刻净值的范围扩大。对此，母基金净值波动率对不定期折算风险的影响存在两种途径：其一，扩大可能发生不定期折算风险的 B 份额净值的范围，对净值向下而言，则可能导致原本不会发生折算的净值点发生折算；对净值向上而言，放大了投资者获利的收益率。其二，提高 B 份额的投资吸引力。B 份额的杠杆效应来源于杠杆的大小和初始波动的幅度，从而出现母基金净值波动率的增大使 B 份额的杠杆效应进一步放大，B 份额的溢价率在同等条件下会更大。

至于母基金净值波动率的变动将对不定期折算风险产生如何的影响，应该根据 B 份额净值所处的位置分别进行判断：当 B 份额净值处于高位时，杠杆效应带来净值的成倍变动占主导，不定期折算引起的市值变动在发生概率极小的情况下居于次要位置，不定期折算风险下降；当 B 份额净值处于低位，临近不定期向下折算阈值时，更广的净值范围意味着低于向下折算阈值的范围会扩大，即发生不定期折算的概率会上升，在溢价率同时上升的情况下不定期折算的风险会增大。

2.3 不定期折算风险的理论建模

1. 假设前提

（1）B 份额投资者在净值临近不定期向下折算阈值时存在"赌徒心理"状态，其继续持有 B 份额的目的在于获取净值反弹的杠杆收益。

（2）临近不定期向下折算前，市场中存在套利机会，B 份额净值溢价率偏离无套利机会水平；不定期折算发生后，B 份额净值的溢价率恢复到无套利机会水平。

（3）t 日与 $t+1$ 日 A 份额的净值相等，即 $V_{a,t} = V_{a,t+1}$。

对于假设（1），行为金融学的研究和前文对"赌徒心理"的推导证实了其存在，假设（1）基本符合事实；对于假设（2），可能发生折算前套利机会的存在源于分级基金不定期折算机制的设计安排。如发生折算，在沪深交易所均存在两个交易日对申购、赎回和二级市场交易进行限制的安排，从而如果投资者在临近向下折算时参与套利则无法避免市场风险，即套利并非完全有效。发生折算后，交易所申购、赎回和买卖安排恢复正常，随着折算的完成基金杠杆回归到初始杠杆水平，B 份额价格中的投机因素基本消失，溢价率维持在无套利机会水平。因此，假设（2）存在其合理性。对于假设（3），正常情况下 A 份额在 $t+1$ 时刻的净值 $V_{a,t+1} = V_{a,t} \cdot (1 + 约定收益率/365)$，因此两者差异极小，可近似认为二者相等。

对于假设（1），由于不定期折算期间存在两个交易日限制交易的情形，从而导致临近不定期向下折算前市场中存在套利机会，B 份额溢价率偏离均衡状态得以存在；当不定期折算发生后，B 份额净值的溢价率维持在无套利机会水平。

2. 不定期折算风险模型设定

根据不定期折算风险的定义，建立不定期折算风险模型关键在于如何基于 t 时刻所获得的信息预测 $t+1$ 时刻 B 份额净值的分布和投资者所持基金市值缩减的幅度两个方面。

对 B 份额净值分布来说，由于现有文献对金融数据的研究基本上均是基于收益率而非净值或者价格本身，并且研究文献较为丰富、研究成果也得到了学术界的认同。因此，对本文而言，在 t 时刻母基金或者 B 份额净值已知的前提下，对收益率进行研究实际上也能达到对净值研究的效果。具体来说，t 时刻净值已知的情况下，对于既定的不定期定向下折算阈值，如果触发不定期向下折算，B 份额净值需要下跌的幅度已知，进而通过对 $t+1$ 时刻 B 份额收益率的研究，能够判断是否发生不定期向下折算。

（1）母基金净值收益率分布假设

学术界对于金融数据往往呈现出尖峰有偏、厚尾等特征，正态分布假设不能有效地捕捉这些特征已经获得了一致认可。为能够有效地刻画金融数据收益率的分布特征，众多学者对金融数据的分布特征进行研究，黄海和卢祖帝（2002）提出采取非对称的拉普拉斯分布（Laplace Distribution）刻画有偏性和厚尾性；赵秀娟（2007）采取非对称的拉普拉斯分布对证券投资基金的收益率进行拟合并检验得出非对称的拉普拉斯分布能够更好地对指数收益率建模。曾五一和刘飞（2012）对中国股市指数收益率分布特征进行实证检验，表明较正态分布而言，非对称的拉普拉斯分布能够较好地反映股指收益率的尖峰、厚尾和偏态的特征，同时，非对称的拉普拉斯分布的分布函数可积，使不定期风险折算模型的计算能够得到显性的表达式，便于对不定期折算风险更进一步的研究。因此，本文采取非对称的拉普拉斯分布对分级基金母基金的净值收益率进行建模。

假设分级基金的母基金净值收益率服从参数为 (μ, σ) 的非对称的拉普拉斯分布，记为 $r_m \sim AL(\mu, \sigma)$，则其分布的概率密度函数为式（4）：

$$f(r_m \mid \mu, \sigma) = \frac{1}{\sigma} \frac{\kappa}{1 + \kappa^2} \begin{cases} \exp\left(-\dfrac{k}{\sigma} r_m\right) & r_m > 0 \\ \exp\left(\dfrac{1}{\sigma k} r_m\right) & r_m < 0 \end{cases} \tag{4}$$

其中，μ 是位置参数，$E(r_m) = \mu$；σ 是尺度参数；$\kappa = 2\sigma / (\mu + \sqrt{4\sigma^2 + \mu^2})$；参数采取极大似然估计法进行估计。

（2）市值缩减率的推导

在临近不定期向下折算前，A 份额产生看跌期权价值的同时 B 份额的投机情绪较重，两者的价格会偏离无套利机会水平；然而，不定期向下折算发生后，A 份额以债券性质为主，可以通过债券定价模型推导 A 份额二级市场的价格。同时，在配对转换机制下，A 份额、B 份额的折溢价率存在相互影响的机制，并且 A 份额折溢价率主导 B 份额折溢价率，A 份额二级市场价格主要受到隐含收益率的影响（马刚，2014）。因此，本文将以此为基础，对 B 份额不定期向下折算前后二级市场价值缩减率进行模型推导。

设不定期向下折算前 B 份额的价格为 $P_{b,t}$，则持有 m 份的市值为 $P_{b,t} \cdot m$。在不定期折算发生后，设 A 份额的隐含收益率为 R_0，约定的年化收益率为 R。由于隐含收益由宏观的经济条件决定，所以可以认为在不定期折算前后保持不变。则折算后 A 份额的理论价格为式（5）：

$$P_{a,t+1} = \frac{R}{R_0} \tag{5}$$

由无套利定价可得折算发生后 B 份额的价格为式（6）：

$$P_{b,t+1} = L_0 - (L_0 - 1) P_{a,t+1} \tag{6}$$

其中，L_0 为初始杠杆。

设不定期折算发生时的 B 份额的净值为 $V_{b,t+1}$，则折算后的份额数为 $m \cdot V_{b,t+1}$，市场价值为 $m \cdot V_{b,t+1} \cdot P_{b,t+1}$。而折算前的市场价值为 $m \cdot P_{b,t}$。因此，折算后面临的市值缩减幅度为式（7）：

$$MV = \frac{V_{b,t+1} P_{b,t+1} - P_{b,t}}{P_{b,t}} \tag{7}$$

将式（5）和式（6）代入式（7），得到式（8）：

$$MV = \left\{ V_{b,t+1} \left[L_0 - (L_0 - 1) \frac{R}{R_0} \right] - P_{b,t} \right\} / P_{b,t} \tag{8}$$

式（8）中，除 $V_{b,t+1}$ 外其他参数在时刻 t 均是已知的。从而，市值缩减率可以由式（8）得到。

（3）不定期折算风险模型的设立

如图 1 所示，在 t 时刻预测的 $t+1$ 时刻 B 份额净值收益率在置信度 $1-\alpha$ 下的区间为 $[r_{b,t+1,d}, r_{b,t+1,u}]$，当预测的收益率下限 $r_{b,t+1,d}$ 低于或者等于 t 时刻 B 份额净值下跌至触发不定期向下折算阈值所需的净值变化率时，即 $r_{b,t+1,d} \leqslant \ln\lambda - \ln V_{b,t}$ 时，将会触发不定期向下折算。此时 B 份额投资者遭受的 B 份额市值变化的期望损失为 $MV \int_{r_{b,t+1,d}}^{\ln\lambda - \ln V_{b,t}} \varphi(r_{b,t+1}) dr_{b,t+1}$；当预测的收益率下限 $r_{b,t+1,d}$ 高于 t 时刻 B 份额净值下跌至触发不定期向下折算阈值所需的净值变化率时，将不会触发不定期向下折算，此时投资主要面临的是净值变化带来的收益（损失），其期望为 $\int_{\ln\lambda - \ln V_{b,t}}^{r_{b,t+1,u}} r_{b,t+1} \cdot \varphi(r_{b,t+1}) dr_{b,t+1}$。两者综合而言，不定期折算风险可用式（9）表示：

$$CR_t = MV \int_{r_{b,t+1,d}}^{\ln\lambda - \ln V_{b,t}} \varphi(r_{b,t+1}) dr_{b,t+1} + \int_{\ln\lambda - \ln V_{b,t}}^{r_{b,t+1,u}} r_{b,t+1} \cdot \varphi(r_{b,t+1}) dr_{b,t+1} \qquad (9)$$

其中，CR_t 表示不定期折算风险；$\varphi(\cdot)$ 表示在 B 份额净值收益率的概率密度函数；MV 表示折算前后市值变化率。

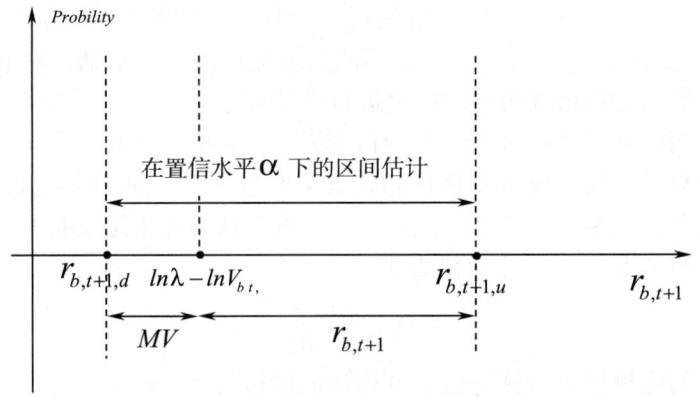

图 1　不定期折算风险示意图

式（9）是对 B 份额净值收益率进行的运算，由于 B 份额净值是通过母基金净值与 A 份额净值之差间接得出的，直接对 B 份额净值的收益率的概率分布进行运算将会忽略分级基金设计中的杠杆等关键因素，不利于从杠杆视角认识分级基金的折算风险。前文假设母基金净值收益率服从参数为 (μ, σ) 的非对称的拉普拉斯分布，由净值杠杆可得到式（10）：

$$r_{b,t} = L_0 \cdot \frac{V_{m,t}}{V_{b,t}} \cdot r_{m,t} \qquad (10)$$

由于 $L_0 \cdot \dfrac{V_{m,t}}{V_{b,t}} > 0$ 始终成立，那么 B 份额净值收益率服从参数为

$\left(L_0 \cdot \dfrac{V_{m,t}}{V_{b,t}} \mu, L_0 \cdot \dfrac{V_{m,t}}{V_{b,t}} \sigma \right)$ 的非对称的拉普拉斯分布。

3. 不定期折算风险的实证研究

本文的实证分析主要包括以下三个步骤：其一，拟通过 GARCH 模型对母基金净值收益率及其波动率进行建模，识别出其满足的 GARCH 模型的具体形式。其二，在此基础上基于已知的先验信息对收益率序列进行向前一步预测，即基于 t 日及以前的信息对 $t+1$ 日的收益率在一定置信度下进行区间预测。其三，对母基金净值收益率服从非对称的拉普拉斯分布的参数进行估计并对分布假设进行检验，然后对不定期折算风险进行测度。为研究初始杠杆对不定期折算风险的影响，假设初始杠杆为 3 倍和 1.5 倍的情况下再次测度不定期折算风险。

3.1 母基金收益率的预测

1. 数据选取

本文选取鹏华中证 A 股资源产业（160620. OF）作为实证研究对象，与其对应的 A 份额、B 份额证券名称分别为鹏华资源 A（150100. SZ）和鹏华资源 B（150101. SZ），数据期间为 2012 年 2 月 2 日至 2017 年 3 月 24 日，合计 1152 个交易日。该只分级基金基础份额采取契约型开放式运作方式，实行被动指数型的交易策略，不上市交易；A 份额和 B 份额采取封闭式运作，两者分别上市交易。A 份额的约定收益率为同期银行人民币一年期存款利率 +3%，初始杠杆为 2 倍，不定期向上折算阈值为母基金净值 2 元/份，不定期向下折算的阈值为 B 份额净值 0.25 元/份。A、B 份额按照 1:1 进行配对转换为母基金。2013 年 12 月 27 日，该只基金触发不定期向下折算。

因此，该只基金具备分级基金市场大部分基金主流的特征，对其研究能够在一定程度上代表整个市场的状况。

母基金净值的对数收益率记为 r_m。同时，由于定期折算和不定期折算会使母基金净值自动进行调节，从而导致在折算当日相较于前日的收益率并非市场导致的收益率，为保证收益率数据的准确性，剔除此类数据。

2. 模型的建立、估计与预测

经单位根检验表明，母基金净值对数收益率序列平稳。为此，本文建立 GARCH（1，1）模型刻画收益率的波动集聚效应。经多次对比测试，发现均值方程选取 AR（1）较为合理。同时，进行 ARCH 效应检验证实 ARCH 效应确实存在。进而对母基金净值收益率建立式（11）和式（12）的 AR（1）—GARCH（1，1）模型：

$$r_{m,t} = \eta r_{m,t-1} + a_{m,t} \tag{11}$$

$$\sigma_{m,t}^2 = \alpha_0 + \alpha_1 a_{m,t-1}^2 + \beta_1 \sigma_{m,t-1}^2 \tag{12}$$

其中，$a_{m,t} = \sigma_{m,t}\varepsilon_{m,t}$，假设 $\varepsilon_{m,t}$ 服从标准正态分布；式（11）为 GARCH 模型的均值方程，式（12）为波动率方程。

对式（11）和式（12）联合估计结果如表 1 所示。

表 1　GARCH 模型估计结果

系数	估计值	标准差	z－统计量	p 值
		均值方程估计结果		
η	0.059936 *	0.031097	1.927383	0.0539
		波动率方程估计结果		
α_0	4.33E－06 ***	1.29E－06	3.368927	0.0008
α_1	0.072531 ***	0.009837	7.373216	0.0000
β_1	0.916646 ***	0.009580	95.68149	0.0000

注：*、**和***分别表示估计结果在10%、5%和1%的显著性水平下显著，下文同。

表 1 给出的估计结果显示，均值方程的系数 η 在 10% 的置信水平下显著，同时波动率方程的系数 α_0、α_1 和 β_1 在 1% 的置信水平下显著。而 α_0 的参数估计值虽然显著，但是值为 0.00000433，可近似认为等于 0。从而，AR（1）—GARCH（1，1）模型的估计结果可写成式（13）和式（14）：

$$r_{m,t} = 0.0599 r_{m,t-1} + a_{m,t} \tag{13}$$

$$\sigma_{m,t}^2 = 0.0725 a_{m,t-1}^2 + 0.9166 \sigma_{m,t-1}^2 \tag{14}$$

因此，可以得到在（$1-\alpha$）的置信水平下，$r_{m,t+1}$ 的预测区间为

$$\left[\hat{r}_{m,t+1} - t_{\alpha/2} \cdot Se(a_{m,t+1}), \hat{r}_{m,t+1} + t_{\alpha/2} \cdot Se(a_{m,t+1}) \right] \tag{15}$$

其中，$Se(a_{m,t+1}) = \hat{\sigma}_{m,t+1} \sqrt{1 + \dfrac{1}{n} + \dfrac{(r_{m,t} - r_m)^2}{\sum r_{m,t}}}$，$t_{\alpha/2}$ 为自由度为（$n-2$）的 t 分布在给定显著水平为 α 下的临界值。

3.2　母基金收益率的分布拟合与检验

非对称拉普拉斯分布的参数估计

设 $Y_1, Y_2, \cdots, Y_n$ 是独立同分布的随机变量且共同服从 $AL(\mu, \sigma)$ 分布。故非对称拉普拉斯分布的参数的极大似然估计结果为

$$\begin{cases} \hat{\mu} = \overline{Y} \\ \hat{\sigma} = \sqrt[4]{Y^+ \cdot Y^-}(\sqrt{Y^+} + \sqrt{Y^-}) \\ \hat{\kappa} = \sqrt[4]{Y^- / Y^+} \end{cases} \quad (16)$$

其中，当 $Y > 0$ 时，$Y^+ = \max (Y, 0)$；当 $Y < 0$ 时，$Y^- = \max (-Y, 0)$；$\overline{Y^+} = \sum_{i=1}^{n_1} Y^+$，$\overline{Y^-} = \sum_{i=1}^{n_2} Y^-$。

根据式（16）计算的参数的估计结果如表 2 所示。

表 2　非对称拉普拉斯分布参数估计结果

$\hat{\mu}$	$\hat{\sigma}$	$\hat{\kappa}$
0.0003	0.0266	1.0119

为检验分布参数估计的合理性，表 3 对估计的非对称拉普拉斯分布的数字特征理论值与经验值进行对比。同时，采取 Kolmogorov – Smirnov 方法对拟合优度进行检验。原假设为分布函数与样本累积分布函数两者不同。

表 3　非对称拉普拉斯分布拟合模型理论值及经验值

	均值	标准差	偏度	峰度
理论值	0.0003	0.0375	− 0.5051	6.7409
经验值	0.0003	0.0186	− 0.7354	6.8477
Kolmogorov – Smirnov 检验结果				
D 值	0.0296		P 值	0.6893

从表 3 可以看出，理论值与经验值比较接近，所估计的非对称的拉普拉斯分布能够较好地刻画母基金收益率的分布特征。并且，K – S 拟合优度检验的 P 值达到 0.6893，远大于 10% 的置信度，从而拒绝理论分布与经验分布来自不同分布的原假设。至此，进一步证实本文的所拟合的分布效果显著。

综上所述，可以认为母基金净值收益率服从如式（17）所示的非对称拉普拉斯分布：

$$f(r_{m,t}) = 18.8059 \cdot \begin{cases} e^{-38.0618 r_{m,t}} & r_{m,t} \geqslant 0 \\ e^{37.1725 r_{m,t}} & r_{m,t} < 0 \end{cases} \quad (17)$$

由前文可知，B 份额净值对数收益率同样服从非对称的拉普拉斯分布，其参数可通过母基金净值收益率的参数与净值杠杆导出。故 B 份额净值对数收益率服从 $\left(0.0003 \cdot \dfrac{L_0 \cdot V_{m,t}}{V_{b,t}}, 0.0266 \cdot \dfrac{L_0 \cdot V_{m,t}}{V_{b,t}}\right)$ 的拉普拉斯分布。

3.3 不定期折算风险的识别与测度

1. 不定期折算风险的识别

杠杆性是分级基金 B 份额的主要投资点之一，净值杠杆随着 B 份额净值的下跌而上升。临近不定期向下折算时，B 份额往往出现较大的溢价现象，不定期向下折算发生后 B 份额溢价率大幅下跌，导致 B 份额投资者面临较大的市值缩减风险。针对本文研究对象鹏华资源 B 份额，将 B 份额净值与其溢价率做出如图 2 所示的散点图。

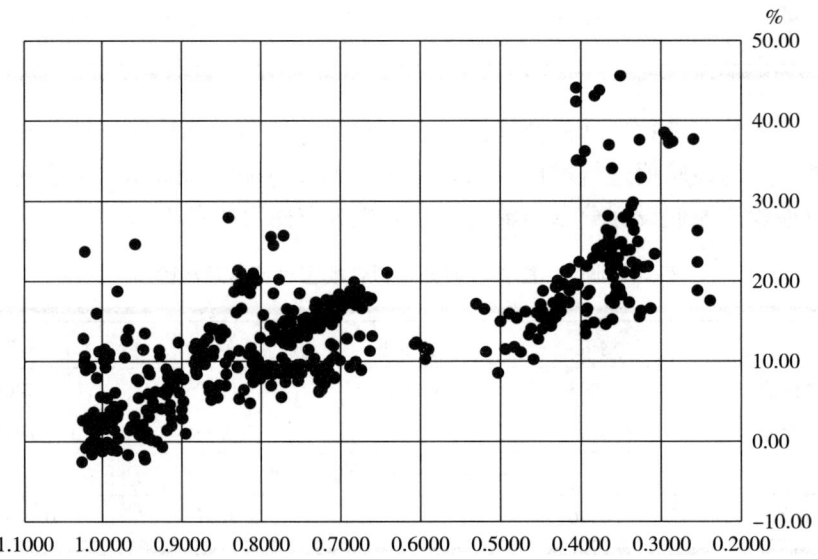

图2　鹏华资源 B 份额净值与溢价率散点图

图 2 可直观证实 B 份额净值与溢价率的关系，并且随着 B 份额净值低于 0.4 元/份①，溢价率出现明显的大幅飙升，最高甚至超过 45%。而净值在 1 元/份附近时，溢价率集中在 10% 以下。为进一步考察 2013 年 12 月 27 日的不定期向下折算前后 B 份额净值与折溢价率的关系，将二者 2013 年 12 月 11 日至 2014 年 1 月 10 日的数据绘制在图 3 上。

---

① 根据鹏华资源分级基金的条款规定其初始杠杆为 2 倍，不定期向下折算阈值为 0.25 元/份。在国内证券市场 10% 涨跌幅限制的条件下，据此可计算得出理论上可能在下一个交易日发生不定期向下折算的 B 份额净值上限约为 0.40 元。

图3①显示，2013年12月11日至2013年12月18日，随着B份额净值由0.341元/份下跌至0.290元/份，B份额溢价率由26.17%上涨至38.51%，并且维持至12月25日。但同时随着B份额净值持续下跌至0.255元/份，几乎临近0.25元/份的不定期向下折算阈值。此时只要下一个交易日母基金净值下跌0.3%②便会导致不定期向下折算发生，从而下个交易日发生不定期向下折算的概率大幅上升。与不定期前形成重大反差的是在折算后的第一个交易日（2013年12月31日），B份额净值下跌至7.94%，仅一个交易日B份额投资者的市值缩减达12%。其后B份额溢价率随着净值的下跌再次上升。

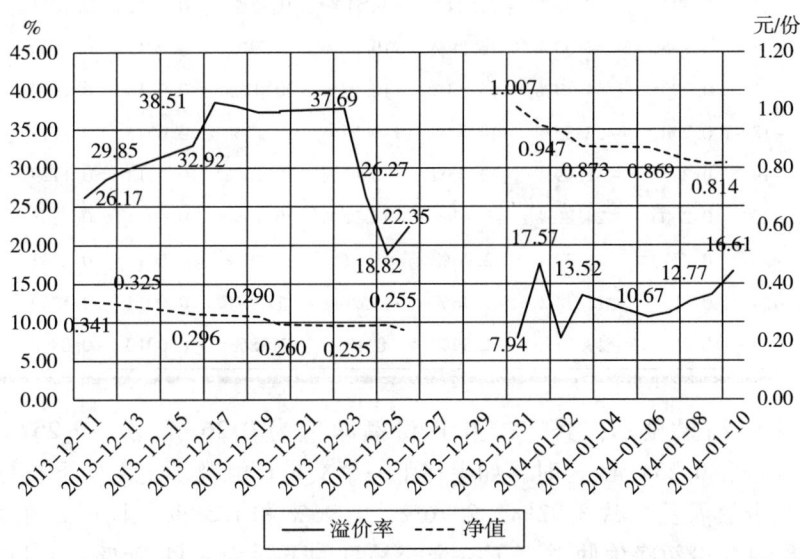

图3 鹏华资源B份额净值与溢价率关系图（2013-12-11—2014-1-10）

从而，根据图2和图3B份额净值与收益率的关系证实本文研究的鹏华资源分级基金不定期向下折算前后，投资者确实面临着市值大幅缩减的风险，同时也证实B份额投资者在临近不定期折算阈值时投资B份额不定期折算风险的确存在。

2. 不定期折算风险的测度

马刚（2014）认为，分级基金A类份额的收益率与AA级长期信用债的到期收益率极为接近。本文采取马刚（2014）的观点，以2013年AA级长期信用债的到期收益率6.5%为基准，测算A份额的理论价格。同时，根据前文对收

---

① 2013年12月27日至2013年12月30日数据缺失是不定期向下折算机制和非交易日所致，此期间无数据或折算机制导致数据不具备参考价值。12月31日为不定期向下折算完成后的第一个交易日，以该交易日及其后数据为折算后的市场表现数据才能够真实反映市场表现。

② 0.3%为作者根据市场数据计算得出。

益率预测及分布拟合的结果，结合 B 份额净值在下一个交易日的 10% 置信度下的区间预测及 B 份额分布模型的参数值，不定期折算风险测度结果如表 4 所示。

表 4　不定期折算风险测度结果

日期	B 份额净值（元/份）	市值缩减率	折算阈值①	10% 置信度预测区间		$\hat{\mu}_b$	$\hat{\sigma}_b$	不定期折算风险值
				下限	上限			
2013 - 12 - 13	0.325	-37.68%	-26.24%	-9.51%	9.13%	0.0012	0.1021	—
2013 - 12 - 16	0.296	-34.33%	-16.89%	-10.50%	9.59%	0.0012	0.1100	—
2013 - 12 - 17	0.292	-33.19%	-15.53%	-10.23%	10.07%	0.0013	0.1112	—
2013 - 12 - 18	0.290	-32.35%	-14.84%	-10.21%	10.21%	0.0013	0.1119	—
2013 - 12 - 19	0.286	-31.49%	-13.45%	-10.42%	10.16%	0.0013	0.1129	—
2013 - 12 - 20	0.260	-24.80%	-3.92%	-11.75%	10.25%	0.0014	0.1208	-0.4053
2013 - 12 - 23	0.257	-16.39%	-2.76%	-11.26%	11.19%	0.0014	0.1231	-0.4274
2013 - 12 - 24	0.255	-11.14%	-1.96%	-11.20%	11.25%	0.0014	0.1232	-0.4433
2013 - 12 - 25	0.254	-13.71%	-1.59%	-8.18%	7.88%	0.0010	0.0852	-0.4396

表 4 的结果显示：其一，当 B 份额净值为 0.26 元/份、0.257 元/份、0.255 元/份和 0.254 元/份时，如果在下一个交易日触及不定期向下折算阈值，理论上 B 份额需要下跌 3.92%、2.76%、1.96% 和 1.59%。同时，在 10% 置信度下预测 B 份额净值收益率下一个交易日的下限为 -11.26%、-11.26%、-11.20% 和 -8.18%。基于对收益率的预测，将有可能发生不定期向下折算。而 B 份额净值高于 0.260 元/份的部分理论上将不会在下一个交易日触及折算阈值。这对图 3 中 B 份额净值与溢价率的关系图中"B 份额净值高于 0.260 元/份部分，溢价率不断增长并保持稳定；而当净值低于 0.260 元/份时，溢价率则大幅下跌"做出了更进一步的解释。即当净值不低于 0.260 元/份时，下一个交易日发生不定期折算的概率较小，风险偏好的投资者提供了相对安全的一个交易日的投机机会，较高且稳定的溢价率来自对 B 份额需求的增加；当净值低于 0.260 元/份后，在下一个交易日发生不定期向下折算的概率大幅上升，继续持有 B 份额风险增大，部分风险偏好的投资者将退出对 B 份额的投资，进而造成溢价率下降。其二，当 B 份额净值为 0.26 元/份、0.257 元/份、0.255 元/份和 0.254 元/份时，投资的面临的不定期折算风险（预期损失）分别达到 -40.53%、-42.74%、-44.33% 和 -43.96%。这意味着对投资鹏华中证分级基金 B 份额的投资者而言，如果在下一个交易日将会触发不定期向下折算，

---

① 折算阈值指基于 t 日 B 份额的净值，在下一个交易日下跌至 0.25 元/份时所需 B 份额的跌幅。

此时投资 B 份额的杠杆收益将全部被损失所抵消，并且预期损失极大，继续持有 B 份额是不理性的选择。

以上实证研究，均是基于鹏华中证分级基金 2 倍初始杠杆进行的。为考察初始杠杆对不定期折算风险的影响，假设鹏华中证分级基金的初始杠杆分别为 3 倍和 1.5 倍。初始杠杆的变化，将会对市值缩减率、区间预测的上下限及 B 份额净值对数收益率的参数估计值产生影响。在对上述影响进行调整后，计算结果如表 5 所示。

表 5   不定期折算风险测度结果（假设杠杆为 3 倍和 1.5 倍）

日期	B 份额净值（元/份）	市值缩减率	折算阈值	10% 置信度预测区间		$\hat{\mu}_b$	$\hat{\sigma}_b$	不定期折算风险值
				下限	上限			
初始杠杆 = 3 倍								
2013 – 12 – 13	0.325	– 33.69%	– 26.24%	– 13.86%	13.53%	0.0017	0.1498	—
2013 – 12 – 16	0.296	– 33.23%	– 16.89%	– 14.27%	13.70%	0.0017	0.1531	—
2013 – 12 – 17	0.292	– 29.64%	– 15.53%	– 15.75%	14.38%	0.0019	0.1650	—
2013 – 12 – 18	0.290	– 28.42%	– 14.84%	– 15.35%	15.10%	0.0019	0.1667	– 0.2344
2013 – 12 – 19	0.286	– 27.52%	– 13.45%	– 15.31%	15.31%	0.0019	0.1679	– 0.2549
2013 – 12 – 20	0.260	– 26.60%	– 3.92%	– 15.63%	15.24%	0.0019	0.1694	– 0.4445
2013 – 12 – 23	0.257	– 19.42%	– 2.76%	– 17.62%	15.37%	0.0020	0.1812	– 0.4669
2013 – 12 – 24	0.255	– 10.42%	– 1.96%	– 16.89%	16.79%	0.0021	0.1846	– 0.4601
2013 – 12 – 25	0.254	– 4.80%	– 1.59%	– 8.18%	7.88%	0.0010	0.0852	– 0.4544
初始杠杆 = 1.5 倍								
2013 – 12 – 13	0.325	– 40.32%	– 26.24%	– 6.93%	6.76%	0.0008	0.0749	—
2013 – 12 – 16	0.296	– 39.90%	– 16.89%	– 7.14%	6.85%	0.0009	0.0766	—
2013 – 12 – 17	0.292	– 36.68%	– 15.53%	– 7.87%	7.19%	0.0009	0.0825	—
2013 – 12 – 18	0.290	– 35.58%	– 14.84%	– 7.68%	7.55%	0.0009	0.0834	—
2013 – 12 – 19	0.286	– 34.77%	– 13.45%	– 7.66%	7.66%	0.0009	0.0839	—
2013 – 12 – 20	0.260	– 33.94%	– 3.92%	– 7.81%	7.62%	0.0010	0.0847	– 0.3573
2013 – 12 – 23	0.257	– 27.48%	– 2.76%	– 8.81%	7.69%	0.0010	0.0906	– 0.4175
2013 – 12 – 24	0.255	– 19.37%	– 1.96%	– 8.45%	8.40%	0.0010	0.0923	– 0.4391
2013 – 12 – 25	0.254	– 14.32%	– 1.59%	– 8.40%	8.44%	0.0010	0.0924	– 0.4460

对比表 4 与表 5 可以看出，初始杠杆的增大会导致市值的缩减率下降，相应的预测区间范围扩大，进而导致可能发生不定期向下折算的 B 份额净值上限上升；反之则相反。但是，最终对不定期折算风险而言，初始杠杆与不定期折算风险正相关，即初始杠杆上升，相同 B 份额净值点的不定期折算风险随之上

升。为更直观地展示初始杠杆与不定期折算风险的关系，将 1.5 倍、2 倍和 3 倍初始杠杆与不定期折算风险的关系绘制于图 4。

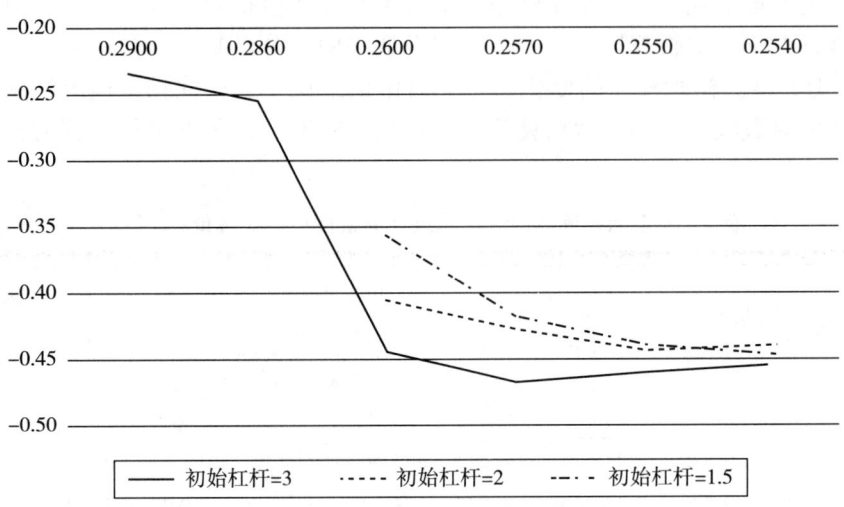

图 4　初始杠杆与不定期折算风险关系

4. 结论与展望

1. 研究结论

　　本文从理论和实证上对不定期折算风险进行了研究。理论上，对不定期折算风险的概念进行界定，并推导初始杠杆、不定期向下折算阈值和母基金波动率对不定期折算风险的影响关系；实证上，选取鹏华中证资源分级基金作为研究对象，在对其母基金收益率预测、母基金收益率分布拟合与检验的基础上，定量地测度鹏华中证资源分级基金 B 份额的不定期折算风险，同时对初始杠杆进行放大和缩小的假设，进一步研究初始杠杆与不定期折算风险的关系。最终得出如下结论：

　　（1）对分级基金的投资者而言，仅 B 份额投资者在临近不定期向下折算时才可能承受损失风险。据此，将不定期折算风险定义为 B 份额投资者临近不定期向下折算时承担的市场价值缩减和净值波动的期望收益（损失）。

　　（2）不定期向下折算阈值会通过两个方面对不定期折算风险产生影响：调节可能发生不定期折算的概率和影响 B 份额溢价率。不定期向下折算阈值上升，会导致 B 份额可正常运作的净值范围收窄，在同等条件下则会导致发生不定期向下折算的概率上升；同时，不定期向下折算阈值上升，分级基金的净值杠杆上限下降，从而导致 B 份额溢价率下降。

（3）临近不定期向下折算时，对鹏华中证资源分级基金而言，投资 B 份额所能获得的预期收益与折算发生后的市值缩减风险之和为负，意味着此时 B 份额投资者博取分级 B 份额杠杆收益是不理性的，因为其面临的市值缩减风险远远大于其杠杆收益。那么，对 B 份额投资者而言，其理性的选择应该是通过二级市场出售所持的 B 份额或者购买 A 份额合并赎回，退出 B 份额投资。

（4）在对初始杠杆进行重新假定的基础上，实证研究表明初始杠杆与市值缩减率呈负相关关系，与区间预测的范围呈正相关关系。初始杠杆的上升，在增大发生不定期向下折算 B 份额净值上限的同时，也会导致不定期折算风险上升。因此，从初始杠杆角度对分级基金的不定期折算风险进行管理具备理论上的可行性。

2. 研究展望

本文虽然在理论上和实证上对分级基金不定期折算风险进行了研究，并对实证结论进行了检验和分析。但是，就本文的研究方法来看，仍然存在进一步研究的空间。主要体现在以下两个方面：

（1）就研究内容上，由于就单只分级基金而言，其初始杠杆、母基金净值波动率以及向下折算阈值三个影响不定期折算风险的重要因素为已知的事实。在运用现实的分级基金运作数据进行研究时，单独改变某一个因素来研究该因素对不定期折算风险的影响而未考虑该因素变动对其他因素产生的联动影响存在较大的局限性，本文便存在该问题。然而，如果采取多只分级基金进行对比研究又会面临另外一个更为严重的问题：不同分级基金跟踪的指数存在差异，从而两个分级基金本身就存在不可比性，进而多只分级基金对比研究仍不能得到想要的结论。因此，对未来的研究中如何将联动影响因素加以考虑是一个值得进一步研究的问题。

（2）就研究方法上，对母基金净值收益率采取随机过程的方法，运用半鞅理论对母基金净值进行拟合，以全面刻画资产价格的动态特征；并且全面考虑 A 份额的理论价值因素，包括债券价值、看跌期权价值和配对转换价值三个方面。同时，对涨跌幅限制条件下母基金的净值收益率服从的分布特征进行修正。在对这三个方面进行考虑的情况下，进一步测度不定期折算风险以及影响不定期折算风险的因素。

参考文献

［1］黄瑜琴，成钧，李心丹．免费的午餐：分级基金溢价的案例研究［J］．财贸经济，2012（7）：63－70.

［2］周寰宇．杠杆率视角下开放式分级基金的赎回风险研究［J］．金融经济

学研究，2015（1）：107 – 118.

［3］马子舜. 分级基金投资价值与套利策略实证研究［J］. 新金融，2015
（7）：53 – 59.

［4］陈怡. 统计套利策略在我国分级基金市场的尝试［J］. 科学技术与工程，
2012，20（3）：724 – 729.

［5］马刚. 分级基金上市份额的折溢价问题研究［J］. 证券市场导报，2014
（8）：64 – 70.

［6］黄艳芳. 分级基金 A、B 份额间折溢价率、跟踪指数收益率波动关系的实
证研究［J］. 金融教学与研究，2015（6）：53 – 61.

［7］苟莹. 我国分级基金折溢价率影响因素的实证研究［D］. 上海：上海理
工大学，2015.

［8］王杨，邓莹睿，张寄洲. 中国市场上一类指数型分级基金的定价模型与金
融分析［J］. 上海金融学院学报，2011（6）：32 – 42.

［9］王静明. 基于申万深成分级基金的永续性股债分级基金定价的研究［D］.
上海：上海交通大学，2013.

［10］赵贵珺. 中国市场一类指数型股票分级基金定价方法研究［D］. 成都：
西南财经大学，2014.

［11］李小妹. 分级基金的杠杆分析及分类定价的实证探究［D］. 武汉：华中
师范大学，2016.

［12］杨倩君. 中国分级基金定价方法研究［D］. 上海：复旦大学，2014.

［13］刘晨，安毅. 分级基金 A 类份额期权价值影响因素及度量［J］. 华南理
工大学学报：社会科学版，2016，18（4）：29 – 35.

［14］曾五一，刘飞. 中国股指收益率的非对称拉普拉斯分布实证检验［J］.
统计与信息论坛，2012，27（12）：27 – 31.

［15］赵秀娟，张洪水，黎建强等. 一个基于非对称拉普拉斯分布和 DEA 的证
券投资基金评价方法［J］. 系统工程理论与实践，2007，27（10）：
1 – 10.

［16］封建强，王福新. 中国股市收益率分布函数研究［J］. 中国管理科学，
2003，11（1）：14 – 21.

［17］Jarrow R A, O'hara M. Primes and Scores：An Essay on Market Imperfections
［J］. The Journal of Finance，1989，44（5）：1263 – 1287.

央行发行法定数字货币的必要性及一些相关问题的探讨[*]

刘谆谆[①]　　张瑞东[②]　　王玉琳[③]

摘　要　数字货币是数字经济时代货币形态演变的产物，有法定和非法定数字货币之分。央行是否需要发行自己的数字货币，其意义是什么，央行发行数字货币的模式以及发行时机如何判断，这些都是本文试图回答的主要问题。我们的研究表明，从货币形态演变角度看，现有法定货币形态已逐渐不能满足当前社会经济发展的需求，主要是由于互联网空间发生的经济活动以及未来数字社会的需求。发行数字货币是一个国家主权在虚拟空间或加密空间的延伸，央行发行数字货币是历史的一种必然，也是生产力发展对生产关系提出的新要求。非法定数字货币尽管目前发展很快、鱼龙混杂、投机很大，但泡沫散去，也可能会形成一种新的资产类型。对非法定数字货币（比如比特币）应该如何定位及监管，有哪些方面法定数字货币可以借鉴，这些是所有央行都应该面对的问题。总的来看，目前央行发行数字货币的条件正逐步成熟，但大规模发行还有很多工作要做。对央行发行数字货币的模式及其他方面的问题，本文也试图进行比较深入的探讨。

关键词　数字货币　法定数字货币　货币形态　区块链技术　数字货币发行机制

1. 引　言

不同的货币形态是货币在不断适应经济社会生产发展过程中出现的，体现了生产力和生产关系的辩证统一。数字货币是数字经济时代货币形态演变的产物。数字经济（Digital Economy），也可以称作虚拟经济（Virtual Economy），是以互联网技术为基础的、经济活动在互联网空间（Cyberspace）发生并以数字来反映和代表的一种综合性的说法，比如数据即资产就是在数字经济的大背景下提出来的。据2016年发布的《世界互联网大会蓝皮书》显示，中国的电子商务交易额占世界的40%以上，2016年中国数字经济规模总量占 GDP 的30.3%，达到22.6万亿元，仅次于美国。根据国家统计局提供的数据，2017

---

　*　此文感谢浙大 AIF 区块链工作室罗丹、晁宪金、徐晓杰和郑淇文的前期资料收集。

　①　刘谆谆（1986—），女，安庆人，浙江大学博士研究生，AIF 区块链工作室，研究方向为互联网金融。E – mail：liushaoyunhappy@ 163. com。

　②　张瑞东（1963—），男，山西人，威斯康星大学奥克莱尔分校，AIF 区块链工作室，研究方向为区块链及计算机信息技术。

　③　王玉琳（1994—），女，北京人，中国人民大学本科生，AIF 区块链工作室，研究方向为财政金融。

年第一季度全国网上零售额 14045 亿元，同比增长 32.1%；线上消费的新增效应约为 2 348 亿元，直接带动 GDP 增长 1.3 个百分点。

数字经济时代对货币的形态、本质和职能提出了新的要求，这是数字货币产生的大背景。在本文中，数字货币主要指基于区块链技术的、存在于对等网络（P2P）上的、可点对点直接交易、多节点分布式记账的加密数字货币（Cryptocurrency）。其初衷是为去中心化的点对点的支付提供一种手段，不需要央行的参与，以人人都可以通过加入节点参与发行和交易的比特币为代表。在本文中，我们把没有央行或政府的参与而发行的加密数字货币通称为非法定数字货币，而把央行发行的加密数字货币通称为法定数字货币。这里的央行泛指一个国家或经济体中有法定的货币发行权力的机构，比如在中国就是中国人民银行，在美国则是美联储。

就世界范围来看，目前在市场上交易或能够流通的数字货币都是非法定数字货币，即非政府发行的、没有政府信用做背书的数字货币。非法定数字货币的发行方可以是一个谁都可以参与的开源社区，比如比特币或以太币；也可以是一些以盈利为目的或有其他动机的个人或互联网企业，比如 Ripple、NEO 或 EOS。从表1可以看出，非法定数字货币种类从 2016 年 11 月的 600 种到目前的上千种，在 13 个月的时间内增长了 1.53 倍，总市值则增长了 29 倍。此外比特币也从独占鳌头（85%）下降到 34.4%，下降了 60%，反映出全球的非法定数字货币市场目前是群雄并起。尽管良莠不齐、动机很多，但也反映出非法定数字货币正成为一种新的经济力量，这是各国央行或经济体需要面对的新问题，也是一些央行考虑发行自己的法定数字货币的初始动机。

表 1　非法定数字货币种类及市值统计

	2016 年 11 月 27 日	2018 年 2 月 11 日	增减（+/-）
非法定数字货币总数（种）	602	1523	+153%
总市值（亿美元）	138	4179	+2928%
比特币市值/总市值（占比）	85%	34.4%	-60%

数据来源：CoinMarketCap 网站数据整理。

目前，世界上主要国家对法定数字货币的态度不一，基本上都在探讨之中。比如美国财政部认为美国经济目前并不需要数字货币，明确表明美联储目前没有开发自己的法定数字货币的计划[①]。其他国家包括加拿大、英国及新加坡也只是做了有限的小规模的实验。中国人民银行对人民币法定数字货币的发行一直持积极的态度，比如从公开的渠道，我们能了解的信息一般都在表明中

---

① Mnuchin S.. US Finance Regulators Form Crypto Working Group［EB/OL］. https：//www. coindesk. com/financial - stability - oversight - council - forms - crypto - working - group - says - mnuchin/.

国基于区块链技术的数字票据交易平台已测试成功，由人民银行发行的法定数字货币也在该平台试运行。但人民币法定数字货币发行一直是"犹抱琵琶半遮面"，至今中国人民银行并未明确发行时间、方式、发行机制等细节。

本文旨在探讨央行发行法定数字货币的一系列相关问题，这些问题包括：现有法定数字货币有没有发行的必要，以比特币为代表的非法定数字货币是否也可以满足数字经济发展的需求，以及央行发行法定数字货币的模式、发行的时机有哪些考虑因素等。在对目前流行的非法定数字货币的利弊进行分析的基础上，本文指出发行法定数字货币是国家主权在虚拟空间、加密空间里的具体体现，央行发行法定数字货币具有某种天然优势，央行发行法定数字货币是数字经济时代的一种必然，可以摒弃非法定数字货币的弊端，支持数字经济和未来数字社会的发展。

从货币的本质来看，央行数字货币属于信用货币范畴，央行发行的数字货币仍然是信用货币，其价值是信用价值，是国家法令赋予的一般授受性决定的。法定数字货币的发行是一个国家的大事，其发行和运行也面临多重风险和挑战，因此发行时机很重要。所谓发行时机，是指发行的条件和环境是否成熟。比如技术上来讲，央行发行数字货币的技术基础，需要开发自己的区块链技术而不是采用开源的区块链技术，分布式的网络及节点如何建立，需不需要对基于法定数字货币的交易进行验证和共识，中心化或非中心化条件下的监管面临的挑战等，都是需要研究的问题。本文对这些重要问题都会进行不同程度的探讨。

2. 数字货币是适应生产力发展的新的货币形态

货币形态伴随着经济社会发展不断演进，数字货币的产生具有历史必然性。在本部分，主要分析数字货币产生的历史必然性及其对应的经济社会形态。货币本身体现了生产力和生产关系的辩证统一。这种辩证统一也很好地体现在以比特币为代表的数字货币上。比特币可以通过两个特征来定义：第一，比特币是一种货币，或者是一种可以衡量价值的单位；第二，比特币是一种技术，是一种基于区块链的不需要第三方的、不需要信任的支付技术（Vigna 等，2015）。

针对货币的实质，马克思曾明确提出，"货币不是东西，而是一种社会关系"[①]。在《1857—1858 年经济学手稿》中，马克思将货币所代表的"社会关系"进一步表述为"生产关系"。社会生产力的发展能够推动生产关系的变革，而生产关系应当与社会生产力相适应，否则将会对其发展起到阻碍作用。因

---

① 《马克思恩格斯全集》（第 4 卷），120 页，北京，人民出版社，1958 年。

此，经济社会发展对货币这种生产关系提出了新要求、提供了新条件。数字货币是适应生产力发展的新的货币形态。数字货币作为一种新的货币形态，适应的是以互联网技术为基础的经济形态，这种经济形态正经历两个阶段的演变和发展：一是由物理空间（Physical Space）扩展至虚拟空间（Cyber Space）的发展；二是由虚拟空间（Cyber Space）向加密空间（Cypher Space）的发展。表2是对这种经济活动空间演变的一个总结。

表 2　经济活动形态与货币形态关系表

经济活动范围	物理空间			虚拟空间	加密空间
货币形态	实物货币	金属货币	纸质货币	电子货币	法定数字货币 非法定数字货币
货币性质	商品货币			信用货币	

2.1　从物理空间到虚拟空间

信息技术革命推动人类社会从工业社会向信息社会发展，信息技术得到了空前快速的发展，使人类经济活动范围从物理空间扩展到虚拟空间（Cyber Space）。虚拟空间（Cypher Space）的经济活动，或者说虚拟经济（Virtual Economy），指的是以信息技术为依托，在网络空间（Cyberspace）内产生的人类经济活动，如电子商务、电子支付、网贷、众筹等新兴互联网经济业态。随着电子支付系统和各种电子支付工具的普及，电子支付日益繁荣。电子支付是指以电子机具和各类交易卡为媒介、以计算机技术和通信技术为手段、以电子数据流形式存储在银行的计算机系统并通过计算机网络以信息传递形式实现流通和支付功能的货币，如信用卡、储蓄卡、IC卡、各种消费卡、电子支票、电子钱包、网络货币等。电子货币是现金或存款货币的电子化，与传统纸币相比能够极大地提升货币流通效率、降低流通成本，可以在相当程度上改善人们的交易体验。

法定货币的电子化以及互联网金融（第三方支付、网络银行等）极大地支持了虚拟空间里的经济活动（如互联网金融、电子商务等）。在本文中，我们把法定货币（现金或纸币）的电子化（比如网络支付或第三方支付、现金卡和信用卡等）统称为电子货币。

据CNNIC统计，截至2016年底，中国移动互联网月度活跃用户数量已经突破了10亿人大关，手机支付用户达到4.7亿人。第三方移动支付快速普及，2016年交易规模达38.5万亿元。随着中国移动互联和移动支付渗透率的不断提高，互联网金融规模保持着高速上涨，截至2016年，中国互联网金融总交易规模超过12万亿元，接近GDP总量的20%，互联网金融用户人数超过5亿人，位列世界第一。中国电子商务研究中心发布的《2017年（上）中国电子商务市场数据监测报告》的核心数据也显示，2017年上半年中国电子商务交易额为13.35万亿元，同比增长27.1%。其中，B2B市场交易额9.8万亿元，网络零售市场交易额3.1万亿元，生活服务电商交易额0.45万亿元。图1展示了2012年到2017年中国电子商务市场交易规模的快速增长，也同时反映了法定货币的电子化以及互联网金融包括第三方支付手段对互联网经济或虚拟经济的巨大支持作用。

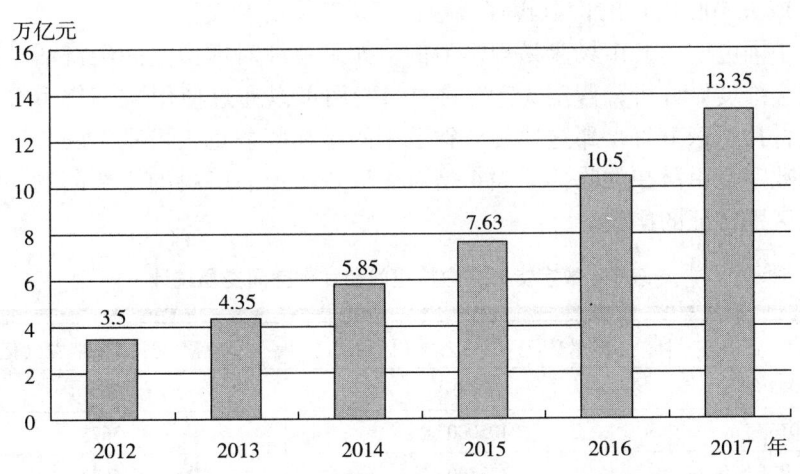

图1　2012—2017年（上）中国电子商务市场交易规模

但随着人类在虚拟空间内的经济活动逐步深化，目前的交易方式及底层技术的局限性越发明显。例如，随着电子商务经营规模不断壮大，传统的经营模式面临着中心化平台管理诟病、信任危机、假货泛滥、虚假交易、跨境支付不便和监管薄弱等诸多发展瓶颈。在互联网金融领域，也出现了许多相似困境，如信用成本增加、网络安全问题日渐突出、信用管理水平相对滞后、"虚拟市场"监管不力、第三方支付在交易成本与效率方面的制约等。同时，人类在虚拟空间内的经济活动逐步深化，对交易媒介的需求层次也进一步提高，如对交易安全性、隐私性、快捷性、可追溯性等的要求的提升，对支付系统的可信任度以及货币在世界范围内的通用性的需求渐强等。

传统电子货币在面对人们在虚拟空间、加密空间内更高层次的交易需求时已无法满足。虚拟经济的进一步发展需要加密空间的发展。加密虚拟空间的出现在很大程度上将改变现有的虚拟经济运行的方式和监管模式，帮助经济及社会形态转型。

2.2　从虚拟空间到加密空间

如何在互联网产生的虚拟空间里建立信任并使价值（比如货币、资产、证券等）可以自由转移、交换而无须中介或第三方，这是当前的数字经济时代以及未来的数字社会面临的挑战。解决这一挑战需要创新，需要在虚拟空间的基础上建立加密空间。加密空间是从虚拟空间内分化出的特殊子空间，建立于分布式网络之上，加密空间的经济活动是一种新的经济形态。数字货币的产生动力就是为了满足人们在虚拟空间、加密空间内经济活动的需要，是加密算法、区块链技术、分布式网络等技术综合应用的结果。数字货币解决的是加密空间（Cypher Space）这一新的经济形态如何在缺乏信任的条件下实现低成本的、去中介（或去中心化）的价值转移、融资、资产交易和交割。

以中国电子商务市场交易规模为例，如果单纯对虚拟空间经济活动的交易费用这个维度做分析，假定 3.5% 的中间费用可以通过使用数字货币等加密空间的支付技术来节省，那这部分节省下来的潜在收益也很可观。表3 第三列表明使用数字货币潜在的收益。表4 是对三种货币形态解决的主要问题、局限性及主要区别特征的比较。

表3　数字货币在虚拟空间和加密空间交易统计

	虚拟空间：交易金额（亿元）	加密空间：潜在收益（亿元）
2015 年	76300	2671
2016 年	105000	3675
2017 年上半年	133500	4673

表4　三种货币形态解决的主要问题、局限性及主要区别特征的比较

	现金（纸币）	电子货币	非法定加密数字货币
解决的主要问题	匿名线下支付、财富的象征及储存	网上支付、手机支付	匿名网上支付、无区域限制或跨国支付、可编程货币或合约币、去中心化的支付
主要局限性	不方便网上支付	可追溯、无匿名性、区域限制	缺乏政府监管、缺乏主权信用支持
区别货币的主要特征	纸币的冠字号	用户的身份验证、银行卡号	加密账号及数字货币数量

数字货币对加密空间经济的潜在作用也可以通过数字货币可编程属性来说明。数字货币的支付功能，由数字货币的可程序化来执行交易双方预先设定好的支付合约，可以替代传统第三方支付需要提供的担保交易要求，并且可以削弱其担保交易中存在信用风险和资金风险问题。同时，数字货币支付合约由交易双方定制，灵活性更强，适用范围更广（赵国栋，2017）。此外，数字货币作为支付系统相比于第三方支付交易还有以下几个方面的优势：

（1）降低交易成本：第三方支付机构在支付过程中承担着一定的背后通道成

本、系统管理与优化成本、电费、广告费等多种成本费用，实质是多环节、多中心。数字货币的交易可以无须经过第三方中心来交易，降低交易成本的潜力很大。

（2）提高安全性：数字货币采用分布式账本技术，黑客无法通过对单一中心节点进行攻击而造成系统崩溃等重大安全问题。

（3）提高透明度：区块链上的每一笔交易都可以被追溯，这样既可以实现全流程的安全管理，又为监管部门完成实时、高效的监管工作提供了技术支撑，能够有效防范洗钱等违法行为。

归纳来讲，作为一种新兴的货币形态，数字货币是信息社会发展进入更高阶段的产物，其产生具有历史必然性，不发行数字货币、缓发行数字货币都会对经济社会发展形成新的制约。

3. 非法定货币目前不具备成为真正货币的条件

目前，市场上都有哪些非数字货币？是否是真正的货币？这需要我们从货币本质和货币职能两个角度来考虑。真正的货币应符合货币的本质特征，并具有货币的基本职能。

商品货币、信用货币均具有一般授受性，但是它们的价值基础不同。商品货币的价值为其本身所包含的社会必要劳动时间；信用货币的价值基础为货币发行方的信用。就非法定数字货币而言，其价值在于其通过计算机算法、共识协议来获取，可以不需要第三方的担保或信用来支付，并具有不可双花、可编程性的特点；最根本的是基于参与者的信任——如果这个信任没了，那这个数字货币的价值也就不存在了。

3.1 目前市场上的非法定数字货币杂乱

目前，市场上的数字货币均属于非官方发行的数字货币，即非法定数字货币。数字货币的第一个尝试并不是比特币，但数字货币概念首次大规模地进入人类的视野，是因为比特币。比特币不依靠特定机构发行，由计算机算法生成，可以通过互联网进行点对点全球支付或交易。比特币的交易系统完全开放，其核心是区块链技术。比特币和以太币都是开源项目，其源代码也作为其他的一些数字货币项目的基础。各种各样拥有不同名称的开放式采矿型或非采矿型密码数字货币也迅速推出，目前有1500余种所谓的数字货币或代币。这些众多的非法定数字货币使数字货币生态杂乱、动机众多，从表5可以看出，其中市值在1亿美元以上的只占9.14%，市值在1000万美元以下的占38.75%。而币值在1美元以上的只占21.53%，1美分以下的占21.66%。可以说是良莠不齐，很多注定是要被淘汰的。

表5 非法定数字货币的市值、价值（2018 年 2 月 9 日）

市值（万美元）	数字货币（数量）	比例	币值（美元）	数字货币（数量）	比例
100000 以上	25	1.66%	$100 以上	33	2.19%
10000 ~ 100000	113	7.48%	1 ~ 100	292	19.34%
1000 ~ 10000	318	21.06%	0.01 ~ 1	821	54.37%
100 ~ 1000	311	20.60%	0.0001 ~ 0.01	327	21.66%
10 ~ 100	274	18.15%	0 ~ 0.0001	37	2.45%
0 ~ 10	469	31.06%			
总计	1510	100%	总计	1510	100%

那么，这些数字货币生态杂乱及动机众多，有没有一些积极意义呢？哈耶克在《货币的非国家化》一书中提出的一个主要观点就是应该在货币领域，也像制造业、服务业一样，也引入竞争机制，允许私人发行货币，并自由竞争，优胜劣汰，然后出现好的货币大家来采用（Hayek，1990）。可以说，这种想法极其超前也很大胆，但一个国家的货币市场的开放，的确是一个与主权和领土可以相提并论的问题。

3.2 目前市场上的非法定数字货币正成为另类资产

以数字货币为基础的加密经济正在快速发展。以数字货币为基础的加密经济正成为一类新的资产。图2是对不同种类资产2017年收益的对比，可以看出

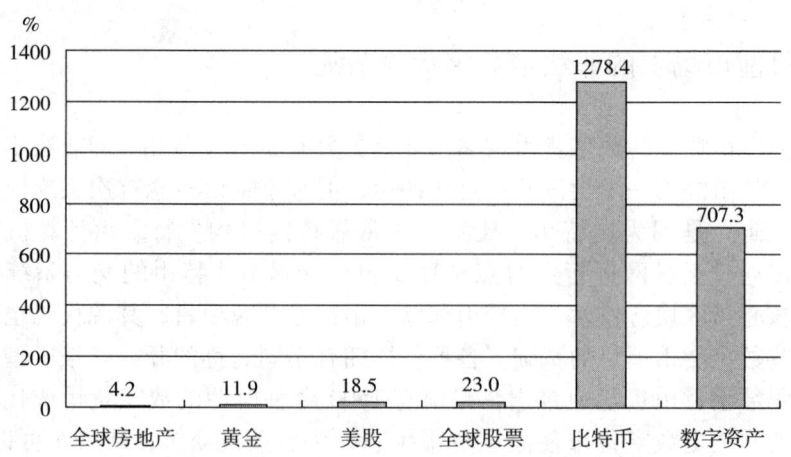

数据来源：Coinbase；State of Blockchain（Notes：Daily data，RWO，GLD，SPY，CWI，&BTC prices，all cryptocurrency market cap，data through 12/31/2017）。

图2 2017 年不同种类资产收益对比

数字资产收益表现优于传统资产，比特币尤其是 2017 年有 12 倍的收益。尽管这里面有很多泡沫，我们也可以怀疑这个趋势能不能持续下去，但数字货币经济的前景，包括数字化资产、智能合约、可编程货币，有很大的潜力成为一类新的资产，这就是数字资产。

图 3 中数字货币总市值在 2017 年第四季度上涨到 301%，达到峰值，超过 6000 亿美元，相当于中国 2017 年 GDP 的 5.4%。以数字货币为代表的数字资产正成为一种能够影响经济的力量或搅动工具，也是不争的事实。这里的含义就是央行需要有相应的疏导政策及监管条例。

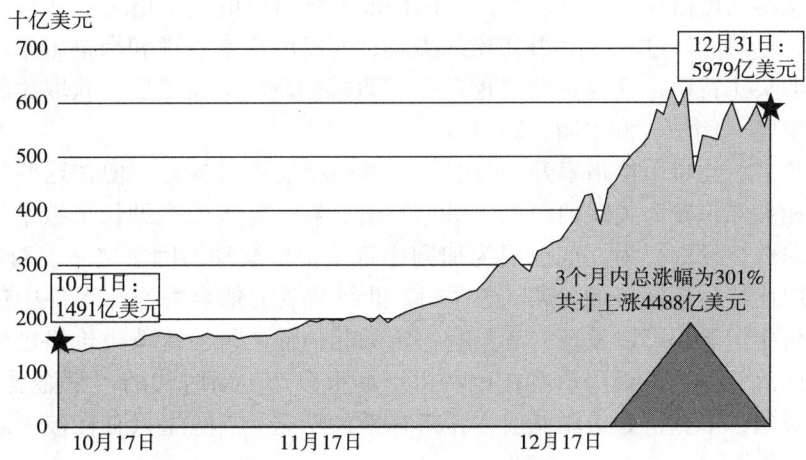

数据来源：Coindesk。

图 3　加密货币总市值

此外，最近比特币期货的推出有助于比特币成为一些主流投资机构的资产投资对象，这使比特币进入主流资本市场又近了一步。2017 年 12 月，比特币期货先后在芝加哥期权交易所（CBOE）与芝加哥商品交易所（CME）这两家接受美国金融监管当局（CFTC）监管的大型交易所上线交易。这反映了主流投资机构对比特币的投资工具属性的认可，可以在一定程度上提高比特币的投资需求。同时，由于期货具有价格发现、风险对冲的作用，比特币期货的出现，使比特币市场更加"文明化"，比特币价格更加趋于合理，有助于引导投资者理性投资。

3.3　非法定数字货币有没有内在价值

货币本质上是固定充当一般等价物的特殊商品，这包含两个方面的含义：一是货币有内在价值；二是货币具有一般授受性。以比特币为代表的数字货币是否有内在价值？首先比特币是通过所谓"挖矿"产生的，需要计算机设备的投入以及耗费电力、人力等，也有生产成本，比如产生一个比特币可能需要 10000 元人民币。但必须看到，这个过程是人为设定的，其实质就是一个游戏，跟开采金矿或钻石矿有本质的不同。尽管我们说劳动创造价值，"社会必要劳动量，或生产使用价值的社会必要劳动时间，决定该使用价值的价值量"①，但比特币的挖矿劳动并不是"必要劳动"，因此，比特币的价值实质也是信任，得"有人信"才能成为一种"特殊商品"拿来交易。但这种"信比特币"的信任，跟对一个政府的信任，还是有本质的区别。政府的信任度，建立在宪法、权力结构、议会制、人民代表制度及选举制度等之上，比自愿形成的数字货币或区块链社区或以牟利为目的的企业，在现代社会制度设计上，其公信力更高。比特币的共识机制和分布式账本保证的是比特币区块链上比特币的产生及链上交易的可信任、不可篡改，但比特币本身的价值或价格是在交易所买卖出来的，也只能通过现实货币（比如美元、人民币）来表现和衡量出来。用法定货币购买比特币，这也是继"挖矿"或直接用商品交换之后，获取比特币的第三种手段（闵敏、柳永明，2014）。

近年来，比特币价格攀升，吸引了大批中小投资者参与。但在这些投资者中不乏相关知识较为欠缺的跟风"炒币"者，在一定程度上助长了数字货币市场中的非理性投资行为，这也成为加剧比特币价格波动的因素之一。对比图4和图5中比特币近四年的价格走势与17世纪荷兰的郁金香泡沫事件中郁金香的四年价格走势，可以发现二者具有一定的相似性。目前比特币价格已经开始从峰值回落，但这是否预示着在比特币市场中会产生新时代的"郁金香效应"仍有待观望，毕竟正如美联储前主席格林斯潘所言，"泡沫只有在破裂之后才知道是泡沫"。

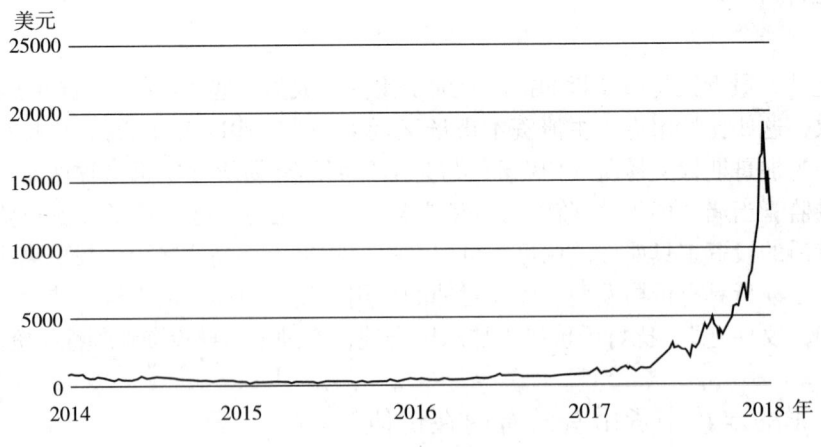

图4 比特币4年价格走势（2014—2018年）

那么，如何看待目前比特币有价有市、可交易的现象？一种看法认为比特币的价格取决于市场力量和使用者信心。经济参与者之间的信任促成了比特币

---

① 《资本论》第一卷，第一章，第51页。

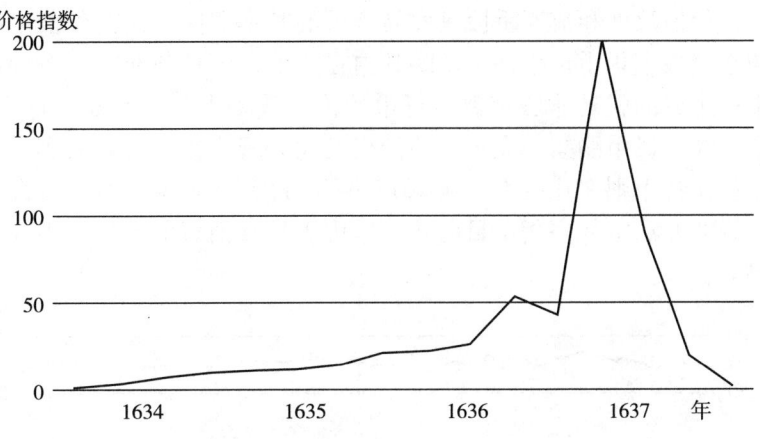

价格指数

图 5　郁金香 4 年价格走势（1634—1637 年）

市场体系的形成，但比特币并没有内在价值，其价值是没有保证的，无法受到任何货币权威机构的支持，但同时这也意味着除了消费者信心，没有其他因素能够操控比特币的价格和供给（Šurda，2012）。

　　另外一种看法是比特币是一种投机性工具或一种投机性商品（Woo 等，2013；① Alstyne，2014；Hanley，2015）。一方面，比特币的每日汇率走势与其他主要货币汇率走势没有相关性，使比特币无法用于风险管理目的，比特币的持有者也很难对比特币持有头寸进行套期保值；另一方面，比特币无法用来为消费信贷或其他贷款合同计价，也难以被纳入具有存款保险特征的银行体系（Yermack，2013）。

　　中国政府对比特币等非法定数字货币不是货币的态度和政策也很明确。早在 2013 年，中国人民银行等五部委发布的《关于防范比特币风险的通知》就明确了比特币的性质，认为比特币不是由货币当局发行，不具有法偿性与强制性等货币属性，并不是真正意义上的货币。"从性质上看，比特币是一种特定的虚拟商品，不具有与货币等同的法律地位，不能且不应作为货币在市场上流通使用"。2017 年 9 月，七部委在《关于防范代币发行融资风险的公告》中也指出，代币发行融资中使用的代币或虚拟货币不由货币当局发行，不具有法偿性与强制性等货币属性，不具有与货币等同的法律地位，不能也不应作为货币在市场上流通使用。

3.4　非法定数字货币目前能不能成为一般等价物

　　货币具有价值尺度、流通手段、支付手段、贮藏手段和世界货币五种职

---

　　① Woo, D. et al. Bitcoin：A first assessment ［D］. FX and Rates Research Report from Merrill Lynch, http：//www. w－t－w. org，2013.

能，其中，价值尺度和流通手段是商品货币的基本职能。作为价值尺度和流通手段，非法定数字货币价格并不反映其内在价值，不具备充当一般等价物的条件。其中一个方面就是非法定数字货币的价格波动太大。图6把过去的12个月比特币以及人民币购买1克黄金的价格变化表现出来，可以看到，人民币相对稳定，但比特币则变化巨大，从2017年2月到2018年2月，有大约4倍的落差。这说明非法定数字货币目前并不适用于日常消费的支付，不能用来做一般等价物。

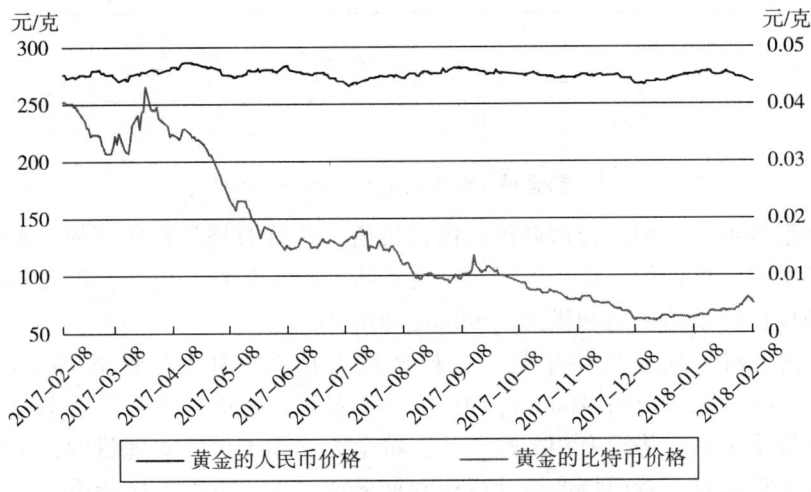

图6　人民币和比特币购买1克黄金价格对比

纸币是由国家（或某些地区）发行的、强制使用的价值符号。现代社会法定货币的本质是一种价值符号和信用货币。信用货币只能以国家信用为担保，以国家强制力量为后盾，在一国范围内执行价值尺度、流通手段和支付手段的职能。而贮藏手段和世界货币这两种职能一般由足值的金银货币来执行，或者由大家公认的有高度信用的信用货币（比如美元作为某种储备货币）来执行。因为作为贮藏手段，金银货币自身凝结着高密度的价值，可以换回大量的社会财富，所以也就可以作为社会财富贮藏起来，这就是货币的贮藏手段职能。作为贮藏手段的货币应该是足值的金银货币。在这一方面，没有国家做背书的非法定数字货币也不能满足此职能。

现有数字货币的匿名性以及无国界无地域限制的特点使非法金融活动难以察觉、追踪或从监管方面加以遏制。最近发表的一个研究报告表明，在全球范围内，大约25%的比特币用户以及44%的比特币交易是与非法活动相关的，每年大约有720亿美元的非法活动涉及比特币（Foley等，2018）。图7是2009年到2017年每个月比特币非法交易（虚线）与合法交易（实线）的一个比较。

此外，非法定数字货币缺少中央调节机制，缺乏宏观调控的手段，难以满足货币政策的要求。货币政策是宏观经济的主要调节手段之一。非法定数字货币的发行、流通和管理不属于任何一个国家、组织或个人，货币当局不可能通

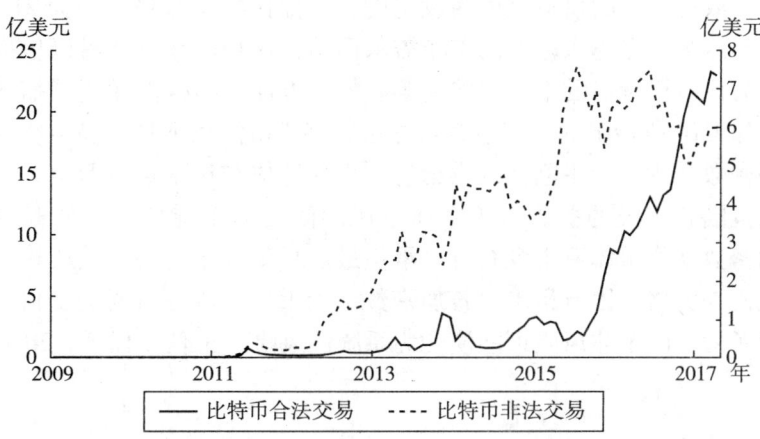

图7 比特币非法交易与合法交易比较

过改变其供应来调节宏观经济（盛松成、蒋一乐，2016）。如果非法定数字货币被全社会普遍接受，而货币当局无法通过货币政策调节货币供应量、稳定币值，不仅会引起经济波动，也会动摇以国家信用为基础的货币体系。

综上所述，目前市场上以比特币为代表的数字货币尽管由于底层技术先进而存在一些相较于传统货币的独特优势，但它不具有足够的内在价值，不能满足货币的基本职能，对宏观调控没有提升作用，且易对非专业投资者产生误导、带动非理性投资行为，其消极作用大于积极作用。目前来看，非法定数字货币并不是真正的货币，不能做一般等价物或参与流通。

那么，非法定数字货币比如比特币有没有可能将来成为一般等价物，或者说比特币是否有可能成为可以被普遍授受的交易媒介？从历史角度看，这种可能性还是存在的。比如，个人与商户接受比特币的支付逐渐出现，以日本为例，据统计，2015 年有大概 1000 家商户接受比特币付款，2016 年已有 4200 家，预计在 2017 年将达到 2 万户。货币的一般授受性可以通过两种途径获得，一种是因为某些内在优势而被人们认可，并逐渐在交易中被越来越频繁地使用，自然地取得一般授受性，比如金子；另一种是由国家法律赋予一般授受性，即现代意义上的法定货币，有国家信用作为支撑。也就是说，货币本质及现代货币发行基础决定了，非法定数字货币要成为真正意义上的货币，同样离不开国家信用（盛松成、蒋一乐，2016）。目前全球有大概 1500 种货币，还处于鱼龙混杂的阶段。如果有哪一种非法定数字货币将来会成为一种一般等价物，必须是在泡沫挤掉之后了。

3.5 加密数字货币目前并不适合作为储备货币

加密数字货币不适合作为储备货币有两个方面的原因：一方面，非法定加密数字货币或比特币的供应是人为设定的。比如比特币数量上限为 2100 万个，产量每四年减半。在越来越大的市场需求面前，这种内在特质易以价格形式外化，体现为比特币价格的上升与波动等。另一方面，结构性通货紧缩导致系统性风险。如 IMF 所指出的，当前各种加密数字货币体系不具备稳定货币机制的特征，加密数字货币近乎刚性的供给规则可能造成结构性通货紧缩，并且，随着其使用范围和规模的扩大，单个体系风险演变为系统性风险的概率也将提升，且加密数字货币体系中没有可以承担最后贷款人角色的公共机构，难以应对金融危机。英格兰银行指出，若加密数字货币发展成为重要的支付体系，体系内消费者面临的个体风险可能演变为系统性风险（王信、任哲，2016）。

4. 央行发行法定数字货币的必要性

发行法定数字货币是国家主权在虚拟空间、加密空间里的具体体现。国家主权，指的是一个国家独立自主处理自己内外事务，管理自己国家的最高权力和固有权利。央行发行法定数字货币具有天然优势，其意义巨大。此外，非法定数字货币的快速发展，也促进和加快了法定数字货币的产生进程。任由难以监管的类比特币等私人发行的数字货币野蛮生长，必将造成货币入侵和金融污染，严重侵蚀法定货币的地位，干扰宏观经济调控政策与金融政策的运行与传导，并为洗钱等违法犯罪活动提供地下资金通道。为了充分利用数字货币的优势，减少或杜绝私人发行数字货币造成的风险，央行发行法定数字货币势在必行。

4.1 央行需要发行数字货币的新职能

加密空间的经济环境需要央行发行法定数字货币的职能。表 6 是央行职能对数字货币发行后的潜在影响。

表 6 央行职能对不同货币的影响

传统货币	法定数字货币
难与经济实时匹配，发行、流通成本高	与经济实时匹配，降低发行流通成本
属于货币 M_0，价值稳定	属于货币 M_0，价值稳定
遵循中央银行到商业银行的二元体系	遵循中央银行到商业银行的二元体系
利率传导机制是货币政策传导的主要渠道，然而利率体制是管制体制且传导机制并不好	央行数字货币技术有利于货币政策的利率传导
货币政策不能直接促进宏观经济增长，但是货币供应量与宏观经济稳定均衡正相关	创新货币发行、流通和调控方式，降低数字经济交易成本，从而有效提高数字经济交易效率

传统货币	法定数字货币
成熟完善的支付清算系统	点对点即时支付，自动化执行，降低支付成本和错误率，提高支付效率
存在洗钱、逃漏税、贪污受贿等违法犯罪行为	追踪和监控数字货币投放后的流转。反洗钱监测，交易信息完整透明，有利于货币向医疗、教育、公共福利等领域流动
已加入 SDR 篮子	加速人民币国际化进程

央行作为国家机关，是一个国家最高的金融管理机构，其首要职能是金融调控职能。即中央银行为实现货币政策目标，通过金融手段对整个国家的货币、信用活动进行调节和控制，进而影响国民经济的运行。

法定数字货币有助于数字经济宏观调控①。法定数字货币的研发有助于创新货币发行、流通和调控方式，从而有效提高数字经济交易效率，降低数字经济交易成本。法定数字货币的可追踪性及相关技术属性可让中央银行追踪和监控数字货币投放后的流转，获取货币全息信息，包括货币流转节点、流通路线、周转速度等。在此基础上，央行可通过大数据分析技术对货币的发行、流通、贮藏等数据进行深入分析。研究货币运行规律和结构特征，跟踪分析货币需求变化及其驱动因素，并透过货币流信息，探知经济个体行为，从微观把握宏观，提高货币调控的预见性、精准性和有效性（姚前，2017）。

央行发行数字货币将提升货币供给和货币政策的有效性。数字货币自身不具备但可以强化调节宏观经济的功能。就目前技术发展情况来看，央行数字货币可能将从以下几个方面提升货币供给和货币政策的有效性：一方面，央行数字货币可以为货币政策和宏观审慎政策提供巨大的数据基础，使监管当局能够根据需要采集不同频率、不同机构的实时交易账簿，并且是完整真实的。这样的信息优势可以帮助央行更准确、更灵活地运用政策工具。另一方面，央行数字货币技术有潜力帮助追踪资金流向，能够帮助监管当局全面监测和评估金融风险。

4.2　央行发行的法定数字货币的本质

作为本位币的新型形态，央行发行的数字货币具有本位币的所有特征，是法定货币，充当商品交易的媒介，是货币的本质属性和最基本的职能。法定数字货币有国家信用的支撑，由国家根据全社会商品生产和交易的需要发行，以

---

① 姚前．法定数字货币有助于数字经济宏观调控［EB/OL］．http：//finance. sina. com. cn/roll/2017 - 11 - 05/doc - ifynmvuq8761431. shtml，2017 - 11 - 05.

法律保证其流通，并通过中央调节机制保持其价值稳定，来维持现代信用货币体系正常运行（盛松成、蒋一乐，2016）。

官方发行的法定数字货币以各国自身的综合国力形成的公信力及国家信用为价值基础，由国家法律赋予一般授受性，表7是法定数字货币和非法定数字货币的比较。

表7　非法定数字货币与法定数字货币具有本质区别

	非法定数字货币	法定数字货币
价值	不具有足够的内在价值	以国家信用为价值基础
一般授受性	不具有	由国家法律赋予
本质	不属于货币范畴	信用货币
经济形态	加密空间	

央行发行的法定数字货币作为本位币的新型形态，本质是信用货币，而信用货币只具备价值尺度、流通手段和支付手段的职能，不具有贮藏手段和世界货币职能。因此，法定数字货币具备价值尺度、流通手段以及支付手段的职能。

4.3　央行发行数字货币是其在支付结算方面的职能要求

政府具有公共服务职能。中国人民银行作为中央银行，支付结算的管理和服务是一项重要职责，不断提升支付结算效率是政府职能的内在要求。在资金支付上，法定数字货币可以实现"支付与结算"同步进行，进行点对点即时支付结算，这有助于建设升级化的金融基础设施，提升支付结算效率。

此外，央行发行的数字加密货币为现有国家货币体系的组成部分，货币当局可通过货币政策手段实行经济调控。并且，央行数字货币将提升货币供给和货币政策的有效性。数字货币本身不具备调节宏观经济的功能，但可以强化这一功能。就目前技术发展情况来看，央行数字货币可能将从以下几个方面提升货币供给和货币政策的有效性：首先，央行数字货币可以为货币政策和宏观审慎政策提供巨大的数据基础，使监管当局能够根据需要采集不同频率、不同机构的实时交易账簿，并且是完整真实的。这样的信息优势可以帮助央行更准确、更灵活地运用政策工具。其次，央行数字货币技术有潜力帮助追踪资金流向，能够帮助监管当局全面监测和评估金融风险。最后，央行数字货币技术有利于货币政策的利率传导。数字货币技术支持"点对点"支付结算，这可提高市场参与者的资金流动性。只有被全社会普遍接受的央行数字货币才能将这一优势辐射至不同金融市场的参与者，从而提高金融市场的流动性[1]。

---

[1]　盛松成. 央行司长：为什么只有央行的数字货币才能叫货币［EB/OL］. http://tech.163.com/16/0625/13/BQDJIAVR00097U7R. html，2016－06－25.

4.4 央行发行数字货币可以促进金融稳定

非法定数字货币的供给规则可能造成结构性通货紧缩，引发币值异常波动，若其发展成为重要的支付体系，体系内消费者面临的个体风险可能演变为系统性风险。并且，由于非法定数字货币体系中没有中心发行机构，也就没有宏观调控，没有最后贷款人，难以应对系统性危机。而法定数字货币作为一种新形态的法定货币，其发行机构为央行，央行作为一国最高的金融管理机构，其首要职能是金融调控职能。央行为实现货币政策目标，可以通过法定准备金率、公开市场业务和贴现政策等金融手段，调节货币供应量、稳定币值，调控国家货币及信用活动，从而控制系统性金融风险；在货币市场发生震荡，如出现"挤兑"等事件时，央行作为最后贷款人，可以发挥"最后一道防护网"的作用，最大限度地维护金融稳定。

数字货币也会改变传统的货币供给机构，促进货币的流通速度和透明性。随着移动终端的快速发展，传统网点和ATM将不再被需要，央行发行的数字货币不仅使货币政策变得简单，而且使货币的传导机制变得更加顺畅。Raskin（2016）认为央行发行数字货币可扩大央行支付系统接入者的范围，将所有储户接入央行系统，甚至是将商业银行的存款转移到央行，如此一来，央行便可以实时观测货币流通速度以及每个接入机构和个人的资产变化情况。

4.5 法定数字货币促进新资产类别的形成

非法定数字货币价值目前不具有法偿性和强制性，央行发行法定加密数字货币可以弥补这些缺陷，这对规范数字货币市场以及发展新的资产类别，具有重要的意义。

资产数字化的金融表现形式就是资产的货币化，数字货币是资产数字化的基础。资产的基本形态是使用权或分享权，适合货币化为数字代币（Coin或Token）。货币化的资产，以数字货币的形态流通，使得使用权可以拆分转让，7×24小时全球交易，融资也更为方便。区块链带来的资产数字化，是在物权、产权等资本品份额化之后，把使用权等资产也份额化了，资产数字化的金融表现形式就是资产的货币化。一旦实物资产被数字化，就会获得像"水"一样的流动性。一台设备或者一辆汽车，如果24小时与互联网连接，设备的身份登记在区块链上，我们就可以确保它的身份的唯一性、确认它传输的数据的真实性、追踪设备的轨迹和状态、用它每分每秒传送过来的数据重塑一个数字化的它，以其作抵押物或以其使用价值做锚定物来发行数字货币达到融资的目的①。

4.6 多种货币形态的并存也可以降低纸币发行和识别成本

传统货币发行中，制版、印刷、押运需要高昂成本，而数字货币摆脱了银行账户和实物载体，其存储和流通分别由物理储存转变为云空间存储、传统物流转向系统内的数字划转，也不再需要回收、清点和销毁，可以大大降低货币发行的成本，提升便利性与效率。

在传统货币体系中，假币难以识别，有大量用户蒙受假币造成的损失，打击假币耗费了大量的人力、物力和财力（秦波等，2017）。加密数字货币的发行流通浓缩了诸多现代密码技术，并提供防范伪造和重复花费、保护交易方身份隐私等安全功能。

此外，在比较长的一段时间内，现金、电子货币及数字货币几种形态会并存。比如数字货币与银行账户结合可以在商业银行传统账户体系上，引入数字货币钱包属性，实现一个账户下既可以管理现有现金及电子货币，也可以管理数字货币，这可以在一定程度上满足用户在传统支付领域以及基于传统支付拓展的相关领域的业务需求，对第三方支付的支付、存款、贷款等业务产生补充、替代及提供增值服务的作用。

4.7 央行发行数字货币也是国家直接干预经济的一种手段

没有国家政府的干预，单纯的自由经济并不可行（贺军、胡知生，1995）。美国著名经济学家保罗·萨缪尔森在对英国的市场经济进行总结时指出"回顾历史，一味追求单纯的自由市场经济，像20世纪80年代撒切尔夫人领导下的英国，到90年代就产生了很大的问题，如社会不满情绪强烈，10%～20%的最低收入者变得贫困，还有可怜的增长记录。因为在单纯的自由市场经济中，个人所得是由市场决定的，而不是由政府、由官僚机构、由选民决定的"。央行对货币发行绝对控制，也是国家间接干预经济发展的一种手段。一个模拟研究是利用动态随机一般均衡模型（DSGE）来研究央行数字货币的影响：如果数字货币发行量依据政府债券量来定，一次性投入相当于 GDP 30% 的数字货币，模拟结果是可以提升 GDP 3%，并具有稳定通货膨胀及经济周期的作用（Barrdear、Kumhof，2016）。

---

① 肖风. 区块链新金融：资产数字货币化. ［EB/OL］. http：//news. 163. com/17/0609/19/CMGV710900018AOR. html，2017 - 06 - 09.

4.8　数字货币发行也有潜力改变全球支付格局

数字货币的发行会给传统业务带来挑战，同时也会带来新的业务模式。数字货币会对支付、存款、贷款等传统银行业务产生冲击。央行将直接干预客户的资产负债表，精准投放货币，直接抢走商业银行信贷资金储蓄来源，对传统商业银行造成致命打击（Raskin，2016）。央行发行数字货币顺应时代发展，挖掘大数据、人工智能、云计算等技术创新价值，从而倒逼传统银行不得不创新支付模式。

数字货币的发行会促生数字货币的服务商。数字货币金融服务能力与生俱来，而数字货币服务商的引入也必将对整个支付体系产生深远影响。数字货币服务商就是对数字货币提供一种类似于目前微信支付和支付宝支付的服务。

法定数字货币在跨境支付中的作用利大于弊。刘东民和宋爽（2017）认为法定数字货币点对点的传输方式能有效改善跨境支付耗时长、费用高的问题。基于法定数字货币建设跨境支付网络，扭转全球跨境支付体系完全由发达国家掌控的高度中心化为更多发展中国家平等、自由参与的适度中心化局面。但吴志峰（2016）指出在跨越国界时，数字货币的发行可能会遭遇国际政治问题。一旦某个国家率先发行数字货币，这个国家就率先具有了经济渗透性，或者说经济侵略性。因此，在数字货币时代，"飞地"经济将会出现，当货币"飞地"达到一定规模时会引起国际政治争端。

发行数字货币会增强国家的国际竞争力，加快人民币国际化的步伐。早在2009年人民币就开启了国际化，2015年获准加入SDR货币篮子，人民币已经成为世界货币，伴随人民币数字化和数字人民币的研究，低技术含量的纸币被数字货币取代是大势所趋，遵从传统货币一体化的思路，低成本的数字货币将加速人民币国际化的推广。数字货币全球性支付手段一旦确立，会加剧丛林法则，进而加剧优胜劣汰，任何妄图仅依靠贸易保护手段的国家，都将会在全球竞争中被淘汰。只有不断创新不断进取的创新型国家，才会在商业浪潮中站稳脚跟。在全球支付体系大环境下，任何国家单方面制裁，都无法再通过银行起到作用。

4.9　央行发行数字货币将促进普惠金融发展

数字货币会促进普惠金融发展，比如数字货币会帮助没有银行账户的人建立信用。与传统货币对比，数字货币在促进普惠金融方面有明显优势。伴随互联网、物联网等各类现代技术，配合快速发展的移动技术，数字货币将提升金融服务覆盖面和便利性。焦瑾璞等（2015）指出数字货币不依赖实体网点和人工服务，降低了金融服务的交易成本和时间成本。同时数字货币不存在找零、携带问题，满足使用者对安全便捷高质量金融服务的要求。另外，数字货币不完全依赖银行账户，直接通过发钞行确权，利用客户端数字货币钱包实现点对点交易（姚前，2017）。

5. 央行发行数字货币的其他方面的考虑

部分国家的中央银行、商业银行积极探索研究与实现法定数字货币，逐步形成了竞争性研究的趋势。英国于 2016 年率先提出可由央行调控的 RSCoin 数字货币框架（Danezis、Meiklejohn，2015）。中国人民银行自 2016 年宣布启动央行发行的法定数字货币的研究，目前并没有推出面向大众的法定数字货币，也没有既定的时间表。其中一个原因，在于适用于实时、高频、大额交易的能支撑一个国家法定数字货币系统运转的技术可能还不成熟（秦波等，2017）。总的来看，央行发行数字货币的条件目前正逐步成熟，但还有很多准备工作要做。

5.1 技术及发行模式的考虑

央行发行数字货币应该把发行、流通与支付分开，也就是中心式发行，分布式区块链支付和验证。发行是中心化的，流通与支付则必须基于公有链，不能是私有链或加盟链，这是由货币必须是天下通货这一特性决定的。瑞波币（Ripple）的发行方式和货币转移方式，可以借鉴。此外，节点如何产生、激励机制如何设计，分布式总账如何储存、存在哪里，都是需要解决的问题。央行法定数字货币的区块链上的节点只持有或交易法定数字货币，不存在挖矿或数字货币的发行，那么如何验证交易有效性、所有参与方是否可以进行验证，也需要解决。另外，央行法定数字货币是否支持不需要第三方的、不需要中介的点对点的线上或线下（钱包）支付系统，也是一个问题。

表 8 是对几种主要区块链技术及非法定数字货币在技术及发行方式上的比较。在此基础上，我们提出央行发行法定数字货币的一个模式来作为参考。

表 8　几种主要区块链技术及非法定数字货币发行方式比较

	Hyperledger 超级账本	Ethereum 以太坊	Ripple 瑞波	Bitcoin 比特币
平台描述	通用区块链	通用区块链	支付区块链	支付区块链
管理方	Linux 基金会	以太坊开源社区	瑞波实验室	比特币开源社区

	Hyperledger 超级账本	Ethereum 以太坊	Ripple 瑞波	Bitcoin 比特币
数字货币	无	Ether 以太币	XRP 瑞波代币	BTC 比特币
挖矿激励	无	是	无；发行	是
链上数据	关系型数据	含账户数据	代币作为中间币	只包含交易数据
共识机制	PBFT	挖矿 PoS, PoW	瑞波协议	挖矿机制 PoW
区块链网络	许可区块链；私有	私有或公开	公开	公开
智能合约语言	Java, GO.	Solidity	无	无

从表 8 可以看到，每一种区块链技术或数字货币都有其优缺点，比如比特币不可编程且不支持账户的使用；瑞波币实际上是代币，是发行的代币；以太币用的是通用区块链，人人都可以产生自己的数字货币。对央行而言，需要考虑和平衡很多因素，表 9 是我们提出的央行发行法定数字货币的一个模式。

表 9　央行 RMB 数字货币发行模式（建议）

	央行数字货币（建议）
平台描述	专用支付区块链（自主设计）
管理方	央行
数字货币	法定数字货币
挖矿激励	无
链上数据	账户 + 交易数据
货币发行方式	发行
共识机制	PBFT, PoS
区块链网络	公开
智能合约语言	需要自主开发

5.2　平衡中心化与去中心化

央行发行数字货币也必须平衡中心化与去中心化。没有中心发行机构，宏观调控无法在非法定数字货币市场实现。任何过度中心化的结果都会产生信息不对称，会存在利用中心权力损害参与者的利益、损害市场上其他方利益的情况（韩锋、刘一方，2016）。但去中心化就意味着主体不明确或者说会有多主体，监管也就困难，与金融行业所需要的严格的中心监管要求就互相矛盾。

吴志峰（2016）提出了央行大账户模式，即个人、企业和金融机构同时在央行账户开户，减少传统银行系统的清算、结算步骤。这种模式不但对货币供应量和货币调节机制都有很大影响，而且抬高了系统的 IT 风险，对系统安全提出了新挑战。王晟（2016）认为货币发行权不一定非要控制在政府手中，对币值不稳定的国家而言，可以尝试发行去中心化货币，也可以处于中心化和去中心化之间，政府作为中心节点对区块链货币拥有一定程度的控制权，同时赋予非节点中心一定投票权。吴志峰（2016）也提出了两个平行系统，即在保留现有货币发行机制的基础上，通过央行与各商业银行合作来发行数字货币，通过将商业银行甚至各省财政等机构设置为发行和验证节点进行扩展。这种模式对现有银行冲击不大，通过区块链发行数字货币的系统与原来的纸币系统可以兼容，本质是产生了增量的数字货币。结合货币发行的二元结构模式，央行发行数字货币短期内应该采用平行结构，既要保证央行对数字货币发行的绝对控制权，又要借助商业银行系统的传统业务。

5.3　法律方面的准备

关于法定数字货币是否需要保留匿名性。非法定数字货币不通过中央银行或第三方机构发行和交易，并运用现代数字签名技术，因而具有较好的匿名性。但是，其匿名性可能会被不法分子利用，掩盖其资金来源和投向，并轻易逃过法律的制裁，这为洗钱、恐怖融资及逃避制裁提供了便利。例如，2015 年美国 FBI 发现，丝绸之路网站利用 Bitcoin 网络在全美进行毒品交易以及洗钱活动；火币曾因涉嫌市场操纵而被投资者起诉至法院；BTC100 则存在虚增其平台比特币交易规模的情况。

IMF、BIS、OECD 等国际组织以及英格兰银行、澳大利亚央行、新加坡金融管理局等监管机构都对虚拟货币相关的洗钱及恐怖主义融资风险表示了高度关注。并且，去中心化的加密数字货币体系中无法律框架明确交易各方之间的权利和义务关系，发生诈骗、盗窃、造假等事件时难以确定哪一方应当为事件负责，消费者权益缺乏保障（王信、任哲，2016）。

另外，还要解决数字货币及数字资产所有权唯一性的问题，即不能重复支付。如果要用比特币的技术，那就要解决分布式的共识机制、"时间戳"、验证机制的问题。如果是可编程货币，还要考虑合约或合同的执行问题。分布式的共识机制、"时间戳"、验证机制能否用到中心化发行的法定数字货币，也是需要研究的问题。

5.4　监管方面的准备

数字货币作为一种新的货币形式，它的监管必须有创新。法定数字货币的创新性发行意味着监管层将面对新的挑战，也必须有必要的手段和环境对其实施具有针对性的监管。数字货币的互联网线上运行、线上储存、相对匿名性，都给国家相关部门实施监管带来了挑战。另外，监管也会对参与交易的各方包括支付系统供应商和中间商产生相应的成本，因此在制定监管政策时也要考虑监管成本。用数学模型和计算机算法来监测与数字货币相关的活动也是一个新型的需要进一步研究的方面。可以参考的一个例子就是可控估测监控模型（Detection Controlled Estimation Model）（Foley，2018）。

沙盒监管是一种监管手段不到位或不清晰的情况下的允许试错手段。可以允许数字货币在一定范围内试运行，或者说是在选择的地区或应用范围实行"缩小版"的真实市场和"宽松版"的监管环境。

6. 结论与建议

数字货币是数字经济时代货币形态演变的产物。现有的法定货币形态已逐渐不能满足当前社会经济发展的需求，主要是加密空间发生的经济活动的需求以及未来数字社会的需求。发行数字货币是国家主权在虚拟空间或加密空间的延伸，央行发行数字货币是历史的一种必然，也是生产力发展对生产关系提出的新要求。央行需要发行自己的数字货币。非法定数字货币（比如比特币）目前并不是真正的货币，也不能成为央行的储备货币。给非法定数字货币一个比较适合的定位还需要时间，尽管目前发展很快、鱼龙混杂、投机很大，但泡沫散去，很可能会形成一种新的资产类型，这是所有央行都应该面对的问题，也是法定数字货币要面临的问题。总的来看，目前央行发行数字货币的条件正逐步成熟，但大规模发行还有很多工作要做。

参考文献

［1］韩锋，刘一方．央行发行数字货币必须基于公有链［J］．清华金融评论，2016（6）：99 – 102.

［2］贺军，胡知生．美日两国宏观经济管理职能的比较与启示［J］．北京师范大学学报（社会科学版），1995（2）：102 – 106.

［3］焦瑾璞，孙天琦，黄亭亭等．数字货币与普惠金融发展——理论框架、国际实践与监管体系［J］．金融监管研究，2015（7）：19 – 35.

［4］刘东民，宋爽．法定数字货币与全球跨境支付［J］．中国金融，2017（23）：75 – 77.

［5］刘蔚．基于国际经验的数字货币发行机制探索与风险防范［J］．西南金融，2017（11）：51 – 58.

［6］米晓文．数字货币对中央银行的影响分析［J］．金融会计，2016，1（3）：66－69.

［7］闵敏，柳永明．互联网货币的价值来源与货币职能——以比特币为例［J］．学术月刊，2014（12）：97－108.

［8］秦波，陈李昌豪，伍前红等．比特币与法定数字货币［J］．密码学报，2017，4（2）：176－186.

［9］秦谊．区块链技术在数字货币发行中的探索［J］．清华金融评论，2016（5）：19－22.

［10］盛松成，蒋一乐．货币当局为何要发行央行数字货币［J］．清华金融评论，2016（12）.

［11］盛松成，蒋一乐．央行数字货币才是真正货币［J］．中国金融，2016（14）：12－14.

［12］王晟．区块链式法定货币体系研究［J］．经济学家，2016，9（9）：77－85.

［13］王信，任哲．虚拟货币及其监管应对［J］．中国金融，2016（17）：22－23.

［14］吴志峰．区块链与数字货币发行［J］．国际金融，2016（9）：20－23.

［15］姚前．理解央行数字货币：一个系统性框架［J］．中国科学：信息科学，2017（11）.

［16］姚前．数字货币与银行账户［J］．清华金融评论，2017（7）：63－67.

［17］姚前．央行数字货币研究所：法定数字货币有助于健全双支柱［J］．信息技术与信息化，2017（11）.

［18］余丰慧．数字货币将带来金融业巨变［J］．金融经济，2016（5）：26.

［19］张衍斌．区块链引领电子商务新变革［J］．当代经济管理，2017，39（10）：14－22.

［20］赵国栋．数字货币对第三方支付平台的冲击、变革及建议［J］，清华金融评论，2017（10）.

［21］Alstyne M V. Why Bitcoin has Value［M］. ACM, 2014.

［22］Barrdear J, Kumhof M. The Macroeconomics of Central Bank Issued Digital Currencies［J］. Social Science Electronic Publishing, 2016.

［23］Bissessar, Shiva. Opportunities and Risks Associated with the Advent of Digital Currency in the Caribbean［J］. Studies & Perspectives – Eclac Subregional Headquarters for the Caribbean, 2016.

［24］Danezis G, Meiklejohn S. Centrally Banked Cryptocurrencies［J］. 2015.

［25］Foley S, Karlsen J, Putniņš T J. Sex, Drugs, and Bitcoin: How Much Illegal Activity is Financed Through Cryptocurrencies?［J］. Social Science Electronic Publishing, 2018.

[26] Hanley B P. The False Premises and Promises of Bitcoin [J]. Computer Science, 2013.

[27] Hayek F A V. Denationalisation of Money – The Argument Refined: An Analysis of the Theory and Practice of Concurrent Currencies [J]. 1990.

[28] Raskin M, Yermack D. Digital Currencies, Decentralized Ledgers, and the Future of Central Banking [J]. Social Science Electronic Publishing, 2016.

[29] Šurda, Peter. Economics of Bitcoin : Is Bitcoin an Alternative to at Currencies and Gold? [J]. 2012.

[30] Vigna P, Casey M J. The Age of Cryptocurrency: How Bitcoin and Digital Money Are Challenging the Global Economic Order [M]. St. Martin's Press, Inc. 2015.

[31] Yermack D. Is Bitcoin a Real Currency? An Economic Appraisal [M]. Handbook of Digital Currency. 2013: 31 – 43.

The Necessity and Opportunity
of the Central Bank Issuing Fiat Digital Currency

Liu chunchun   Zhang ruidong   Wang yulin

Abstract   Digital currency is the product of the evolution of currency in the era of digital economy, include central bank fiat currency and illegal digital currency. Whether is the central bank's need to issue digital currency? What's the meaning of it? How does the central bank issue the digital currency and when to issue? These are the main questions this article tries to answer. Our research shows that from the perspective of the evolution of the monetary form, the existing fiat currency has gradually failed to meet the needs of the current social and economic development, mainly failed to meet the demand for economic activities in the internet space and the needs of the digital society in the future. The issuance of digital currency is an extension of national sovereignty in the virtual space or the encrypted space. It is a historical inevitability and also a new requirement put forward by the development of productive forces on the relations of production. Despite illegal digital currencies rapid growth but fish and dragons jumbled together, and derivatives speculation is rather risky, these illegal digital currencies are likely to form a new type of asset after the bubble disappears. What's the different between central bank fiat currency and illegal digital currency? How to regulate illegal digital currencies, such as bitcoins? What aspects should be used for reference by central bank fiat currency? These are the problems that all central banks will have to face. In general, the current conditions for the issuance of digital currency by the central bank are gradually maturing, but there is still much work to be done in large – scale issuance. The ways of the central bank's issue of digital currency and other aspects are also in – depth discussed in this paper.

Key words Digital Currency Fiat Digital Currency Currency Form Blockchain Technology Digital Currency Issuance Mechanism

房地产泡沫、金融摩擦与资产负债表衰退

——基于 DSGE 模型的数值模拟分析

王维安[①]　俞洁芳[②]　马家进[③]　钱晓霞[④]

摘　要　房地产是国民经济的支柱产业，对经济增长有着巨大的贡献。一旦房地产市场出现问题，泡沫破裂，将引发难以想象的灾难。本文着眼于研究房地产泡沫破裂对实体经济所造成的危害及其背后的传导机制，通过构建一个包含房地产和金融摩擦的 DSGE 模型，用数值模拟的方式生动形象地展示了在金融摩擦导致的金融加速器机制的传导和放大作用下，房地产泡沫破裂是如何引发经济陷入资产负债表衰退的。模拟结果表明：房地产泡沫破裂后，不仅房价将下跌，银行将遭受巨额损失，还将拖累总产出下降，导致经济陷入长期衰退。

关键词　房地产泡沫　金融摩擦　资产负债表衰退　DSGE 模型

1. 引　言

　　房地产是国民经济的支柱产业，对经济增长有着巨大的贡献。第一，投资是拉动经济增长的"三驾马车"之一，房地产开发投资占固定资产投资的 20% 左右；第二，房地产产业链分布十分广泛，无论是对钢铁、水泥、化工等上游建材，工程机械、重卡等中游设备，还是对家电、家具、装修等下游消费都有直接的需求拉动；第三，地方政府的财政收入在很大程度上依赖于与房地产相关的土地出让金及税费，因此后者成为地方基础设施建设投资的重要资金来源；第四，个人购房贷款和房地产开发贷款余额在金融机构各项贷款余额中占比达到 25% 左右，若加上其他以厂房和土地为抵押的企业贷款，则占比更高；第五，房地产在居民部门的资产配置中占据了最大的比重，财富效益十分显著。

　　房地产连接了经济的方方面面，一旦房地产市场出现问题，泡沫破裂，将引发难以想象的灾难。十次危机九次地产，全球历次大的经济危机多与房地产泡沫破裂有关。1923—1926 年美国佛罗里达州房地产泡沫与"大萧条"、1986—1991 年日本房地产泡沫与"失去的二十年"、1991—1997 年东南亚房地

---

①　王维安，浙江大学经济学院教授，金融研究所所长。

②　俞洁芳，浙江大学经济学院副教授，金融系副主任。

③　马家进，浙江大学经济学院博士研究生。

④　钱晓霞，浙江大学经济学院博士研究生。

产泡沫与"亚洲金融风暴"、2001—2008 年美国房地产泡沫与"次贷危机"，大量的惨痛经历告诉我们：房地产泡沫破裂将引发严重的经济危机。

中国的房地产市场一直是研究的热点，相关研究成果不断涌现。刘一楠（2017）建立了一个内嵌房地产信贷抵押约束的新凯恩斯主义 DSGE 分析框架，发现房地产价格波动对宏观经济具有金融加速器作用，显著地放大了外生冲击对经济的影响。高然和龚六堂（2017）将地方政府的土地财政行为纳入到一个 DSGE 模型框架中，发现房地产需求冲击是导致房地产市场波动的主要冲击，地方政府土地财政行为的存在，一方面会显著地放大房地产市场的波动，另一方面会将房地产市场的波动传导到实体经济，放大消费、投资和产出波动。陈利锋（2017）结合内含房地产的 NK－DSGE 模型，比较了限购、增加土地供给以及调整抵押约束机制对房地产市场的调控效果。

本文着眼于研究房地产泡沫破裂对实体经济所造成的危害及其背后的传导机制，并构建了一个包含房地产和金融摩擦的 DSGE 模型作为全文分析的理论基础。通过引入一个家庭违约冲击，即房地产泡沫破裂后将会造成大量家庭的住房抵押贷款违约，一步步推演了在金融摩擦导致的金融加速器机制的传导和放大作用下，实体经济发生资产负债表衰退的过程。同时，为了更加生动形象地展示泡沫破裂对经济造成的危害，采用数值模拟的方式研究了主要经济变量面对不利冲击时所做出的反应。

本文余下部分安排如下：第二部分是理论阐述，阐释了在金融摩擦导致的金融加速器机制的传导和放大作用下，房地产泡沫破裂是如何引发经济陷入资产负债表衰退的；第三部分是模型构建，详细介绍了理论模型的具体设定；第四部分是数值模拟，对模型参数进行校准赋值并在此基础上进行数值模拟；第五部分是结论及政策建议，总结全文并提出一些具有针对性的政策建议。

2. 理论阐述

新古典主义理论假设金融市场是完美的，货币仅仅是覆盖在实体经济上的一层面纱，资金自由流动，市场这只"看不见的手"使资源得到有效配置。但是实际上金融市场并不完美，而是存在着诸多摩擦，比如信息不对称、期限与货币错配、流动性错配、融资约束、银行资本、盯市会计制度、合同执行成本等。这些金融摩擦所导致的宏观经济效应，完全不同于标准的、完全信息的新古典以及新凯恩斯主义宏观经济学模型（吴恒煜、胡锡亮和吕江林，2013）。尤其是 2008 年国际金融危机的爆发，充分展现了金融市场对宏观经济的巨大影响，宏观经济学家们由此认识到将金融摩擦整合进现有的主流宏观经济模型中的重要性和迫切性。

由于金融市场存在广泛的金融摩擦，因此存在所谓的"金融加速器"机制，即实体经济中一个微小的负向冲击，可能在该机制的作用下被传导和放大，导致经济陷入长期衰退的严重后果。现有文献通常采用两种方式在模型中引入金融摩擦：一种是 Kiyotaki 和 Moore（1997）的抵押品约束机制，刻画了金融市场中资金的非完全可获得性，即借款人必须提供充足的抵押品，否则便无法足额获得想要的资金；另一种是 Bernanke、Gertler 和 Gilchrist（1999）的外部融资溢价机制，强调借贷过程中资金价格的重要性，由于存在信息不对称问题，贷款人监督借款人的实际经营状况是有成本的，导致在借款利率和无风险利率之间存在一个随借款人资产负债表状况变化而变化的利差。

房地产是企业和家庭的重要资产，也是银行贷款的主要抵押物，一旦房地产泡沫破裂，在金融摩擦导致的金融加速器机制的传导和放大作用下，将引发实体经济陷入衰退。如 Fisher（1933）的"债务通缩"理论所述：当经济繁荣时，房价不断上涨，抵押物充足，企业过度负债，产出增加，物价上涨，房价和经济螺旋式上升。而当房地产泡沫破裂时，居民和企业纷纷抛售房产，房价出现螺旋式下跌。对银行而言，贷款遭遇大量违约，发生巨额坏账，在资本充足率的监管约束以及避免资不抵债的驱动下，银行大量抛售资产，收紧贷款，市场上流动性逐渐枯竭。对企业而言，抵押品价值下跌，资产负债表受损，信贷约束收紧，遭遇银行抽贷，生产投资被动减少。在坏账和债务负担的驱动下，银行和企业进一步抛售房产，房价螺旋式下跌，债务负担螺旋式上升，贷款和投资减少，经济陷入衰退。

此外，还存在辜朝明（2008）提出的"资产负债表衰退"的作用机制。房地产泡沫破裂，房价螺旋式下跌，企业抵押品价值下跌，资产负债表受损，陷入技术性破产的窘境。企业为了尽快修复其受损的资产负债表，秉持着负债最小化的原则，将可用现金流均用于偿还贷款，而不是投资再生产。从而导致即便市场上充斥着流动性，企业也不愿意借贷，出现流动性陷阱，经济由此陷入长期衰退当中。

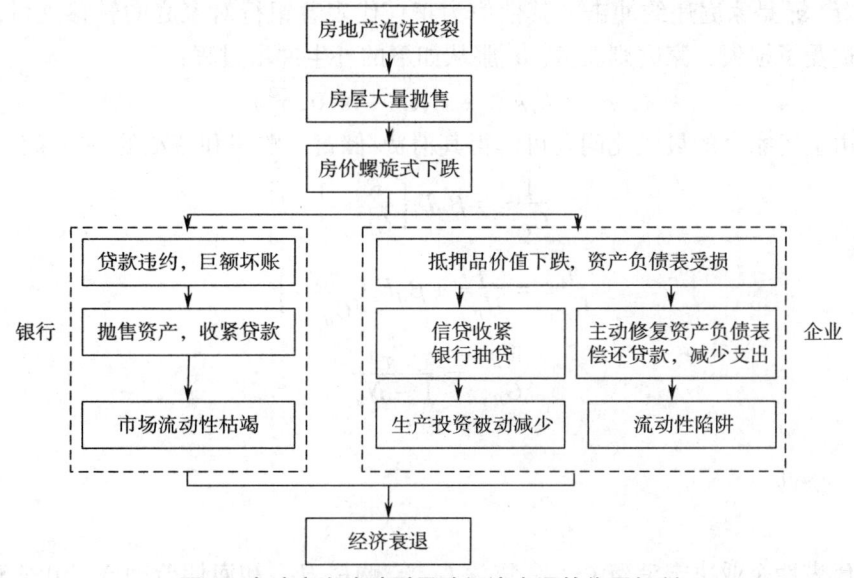

图1 房地产泡沫破裂导致经济衰退的作用机制

3. 模型构建

本文参照 Iacoviello（2015）构建了一个包含房地产和金融摩擦的 DSGE 模型。模型中共有三个经济主体：家庭、企业和银行。家庭决定消费、储蓄、购房和劳动，企业决定消费、贷款、购房和雇佣劳动，银行则充当家庭储蓄和企业贷款之间的金融中介。相较于标准的 RBC 模型，我们在模型中引入了两个金融摩擦：一个是企业在向银行申请贷款时会遭遇信贷约束，从而限制了其用于扩大生产的贷款数量；另一个是银行在向家庭吸收存款时同样会遭遇信贷约束，从而限制了其将存款转化为贷款的能力。这两个金融摩擦的引入使本文模型中稳态的经济总产出低于新古典模型中的数值，也更为贴近现实经济，反映了金融市场存在的非完美性。

3.1 家庭

代表性家庭决定消费 $C_{H,t}$、储蓄 D_t、购房 $H_{H,t}$ 和劳动 $N_{H,t}$ 以求解如下最优化问题：

$$\max E_0 \sum_{t=0}^{\infty} \beta_H^t \left[\ln C_{H,t} + j \ln H_{H,t} + \tau \ln(1 - N_{H,t}) \right]$$

$$\text{s. t. } C_{H,t} + D_t + q_t(H_{H,t} - H_{H,t-1}) = R_{H,t-1} D_{t-1} + W_{H,t} N_{H,t} + \varepsilon_t \qquad (1)$$

其中，β_H 是家庭的主观贴现因子，q_t 是房价，$R_{H,t}$ 是事先已知的存款总利率，$W_{H,t}$ 是工资。ε_t 是家庭违约冲击，其数值为正，代表着银行对家庭的转移支付，即银行遭受了损失，家庭则获益。ε_t 服从如下的外生冲击过程：

$$\varepsilon_t = \rho_\varepsilon \varepsilon_{t-1} + \iota_t, \iota_t \sim N(0, \sigma_\varepsilon^2) \qquad (2)$$

由上述家庭的最优化问题可解得其消费/储蓄、购房和劳动的一阶条件为

$$\frac{1}{C_{H,t}} = \beta_H E_t \left[\frac{R_{H,t}}{C_{H,t+1}} \right] \qquad (3)$$

$$\frac{q_t}{C_{H,t}} = \frac{j}{H_{H,t}} + \beta_H E_t \left[\frac{q_{t+1}}{C_{H,t+1}} \right] \qquad (4)$$

$$\frac{W_{H,t}}{C_{H,t}} = \frac{\tau}{1 - N_{H,t}} \qquad (5)$$

3.2 企业

代表性企业决定消费 $C_{E,t}$、贷款 $L_{E,t}$、购房 $H_{E,t}$ 和雇佣劳动 $N_{H,t}$ 以求解如

下最优化问题：

$$\max E_0 \sum_{t=0}^{\infty} \beta_E^t \ln C_{E,t}$$

$$\text{s. t. } C_{E,t} + q_t(H_{E,t} - H_{E,t-1}) + R_{E,t}L_{E,t-1} + W_{H,t}N_{H,t} + AC_{E,t} = Y_t + L_{E,t} \quad (6)$$

$$Y_t = H_{E,t-1}^{\alpha} N_{H,t}^{1-\alpha} \quad (7)$$

$$L_{E,t} \leq m_H E_t \left[\frac{q_{t+1}}{R_{E,t+1}} H_{E,t} \right] \quad (8)$$

其中，β_E 是企业的主观贴现因子，$\beta_E < \beta_H$，$R_{E,t}$ 是企业上一期贷款到期时需要偿还的总利率，Y_t 是总产出。$AC_{E,t} = \frac{\varphi_E}{2} \frac{(L_{E,t} - L_{E,t-1})^2}{L_E}$（其中 L_E 是企业贷款 $L_{E,t}$ 的稳态值）是贷款调整成本，假设其对企业而言是外生的（便于求解）。该贷款调整成本表示企业在每一期重新调整其贷款金额是有成本的，而这也反映了经济现实。

式（6）是企业的预算约束，企业要消费、购房、还贷、支付工资和贷款调整成本，同时进行生产和贷款。式（7）是企业的生产函数，企业依靠上一期积累的房产（可以理解为厂房等实物资本）和当期雇佣的劳动进行生产。式（8）则是企业在向银行申请贷款时所遭遇的信贷约束。企业以房产作为抵押品向银行申请贷款，银行为了保证贷款的本息能够得到及时足额偿还从而对房产的预期的实际价值打个折扣，m_H 是担保品贷放率（Loan - to - value Ratio）。

由上述企业的最优化问题可解得其消费/贷款、购房和雇佣劳动的一阶条件为

$$\left(1 - \lambda_{E,t} - \frac{\partial AC_{E,t}}{\partial L_{E,t}}\right)\frac{1}{C_{E,t}} = \beta_E E_t \left[\frac{R_{E,t+1}}{C_{E,t+1}}\right] \quad (9)$$

$$\left\{q_t - \lambda_{E,t} m_H E_t\left[\frac{q_{t+1}}{R_{E,t+1}}\right]\right\}\frac{1}{C_{E,t}} = \beta_E E_t\left[\left(q_{t+1} + \alpha\frac{Y_{t+1}}{H_{E,t}}\right)\frac{1}{C_{E,t+1}}\right] \quad (10)$$

$$(1-\alpha)Y_t = W_{H,t}N_{H,t} \quad (11)$$

其中，$\lambda_{E,t}$ 等于式（8）的拉格朗日乘子除以式（6）的拉格朗日乘子，表示以消费的边际效用来衡量的信贷约束的影子价格。

$\lambda_{E,t}$ 出现在式（9）和式（10）中，意味着信贷约束影响了企业消费的跨期选择（对贷款的需求）及其对房产的需求。如果令 $\lambda_{E,t} = 0$ 且去除贷款调整成本，则上述一阶条件重新变成了新古典模型。

3.3 银行

代表性银行决定消费 $C_{B,t}$、吸收存款 D_t、发放贷款 $L_{E,t}$ 以求解如下最优化问题：

$$\max E_0 \sum_{t=0}^{\infty} \beta_B^t \ln C_{B,t}$$

$$\text{s. t. } C_{B,t} + R_{H,t-1}D_{t-1} + L_{E,t} + AC_{B,t} = D_t + R_{E,t}L_{E,t-1} - \varepsilon_t \tag{12}$$

$$D_t \leqslant \gamma_E(L_{E,t} - E_t\varepsilon_{t+1}) \tag{13}$$

其中，β_B 是银行的主观贴现因子，$\beta_B < \beta_H$。与企业相同，银行也面临一个外生的贷款调整成本 $AC_{B,t} = \dfrac{\varphi_B}{2}\dfrac{(L_{E,t} - L_{E,t-1})^2}{L_E}$。$\varepsilon_t$ 是家庭违约冲击，同样出现在家庭的预算约束中，其数值为正，代表银行遭受的损失。

式（12）是银行的预算约束，表示银行作为金融中介，将吸收的存款转化为了发放的贷款。在新发放贷款并支付上一期存款本息及其他成本之后，银行当期盈余 $C_{B,t}$，所以其最优化问题也可以理解为银行最大化期望的每一期盈利所产生的效用的贴现值之和。

式（13）表示银行与企业一样，受到一个信贷约束，该约束来自监管部门对其的资本金要求。银行资本金 $K_{B,t} = L_{E,t} - D_t - E_t\varepsilon_{t+1}$，即资产（贷款）减去负债（存款）再减去计提的资产减值准备。对银行的资本充足率的监管要求可以改写成式（13）所示的信贷约束，即银行以其计提资产减值准备之后的资产作为抵押品按 γ_E 的比例进行负债融资。

由上述银行的最优化问题可解得其消费/吸收存款和发放贷款的一阶条件为

$$1 - \lambda_{B,t} = \beta_B E_t\left[\frac{C_{B,t}}{C_{B,t+1}}R_{H,t}\right] \tag{14}$$

$$1 - \gamma_E\lambda_{B,t} + \frac{\partial AC_{B,t}}{\partial L_{E,t}} = \beta_B E_t\left[\frac{C_{B,t}}{C_{B,t+1}}R_{E,t+1}\right] \tag{15}$$

其中，$\lambda_{B,t}$ 等于式（13）的拉格朗日乘子除以式（12）的拉格朗日乘子，表示以消费的边际效用来衡量的信贷约束的影子价格。

$\lambda_{B,t}$ 出现在式（14）和式（15）中，分别影响着存款和贷款的利率。如果令 $\lambda_{B,t} = 0$ 且去除贷款调整成本，则上述一阶条件重新变成了新古典模型。

3.4 市场出清

结合家庭、企业和银行的预算约束，即式（1）、式（6）和式（12），可得消费品市场的出清条件为

$$Y_t = C_{H,t} + C_{E,t} + C_{B,t} + AC_{E,t} + AC_{B,t} \tag{16}$$

将房地产的总供给标准化为 1，则房地产市场的出清条件为

$$H_{H,t} + H_{E,t} = 1 \tag{17}$$

4. 数值模拟

在前文所构建的理论模型的基础上，我们接下来进行参数校准、模型求解和数值模拟，以期生动形象地展示在金融摩擦导致的金融加速器机制的传导和放大作用下，房地产泡沫破裂是如何导致实体经济发生资产负债表衰退的。

4.1 参数校准

首先确定模型中外生参数的具体数值。参照主流 DSGE 模型的求解和参数估计方法，我们对模型中的外生参数进行校准。根据何青、钱宗鑫和郭俊杰（2015），家庭、企业和银行的主观贴现因子分别设为 0.99、0.95 和 0.985。根据郑忠华和邸俊鹏（2015），企业的担保品贷放率设为 0.7，即房贷的首付比例为 30%。银行的担保品贷放率则设为 0.9，即银行的资本充足率为 10%。家庭违约冲击的标准差设为贷款稳态值的 2%，即银行的不良贷款率为 2%。其他参数则参照 Iacoviello（2015）的设定。外生参数的含义及其取值如表 1 所示。

表 1 参数校准

参数	含义	取值	参数	含义	取值
β_H	家庭的主观贴现因子	0.99	m_H	企业的担保品贷放率	0.7
β_E	企业的主观贴现因子	0.95	γ_E	银行的担保品贷放率	0.9
β_B	银行的主观贴现因子	0.985	φ_E	企业的贷款调整成本参数	0.25
j	房地产和消费的偏好相对值	0.075	φ_B	银行的贷款调整成本参数	0.25
τ	闲暇和消费的偏好相对值	2	ρ_ε	家庭违约冲击的持续性	0.9
α	房地产的边际产出弹性	0.05	σ_ε	家庭违约冲击的标准差	$0.02\,L_E$

4.2 金融摩擦的作用机制

由模型的一阶条件可解得各经济变量的稳态值。由式（3）可得稳态的存款利率为

$$R_H = \frac{1}{\beta_H}$$

（18）

由式（14）、式（15）和式（18）可得

$$\lambda_B = 1 - \frac{\beta_B}{\beta_H} > 0 \qquad (19)$$

$$R_E - R_H = (1 - \gamma_E)\left(\frac{1}{\beta_B} - \frac{1}{\beta_H}\right) > 0 \qquad (20)$$

式（19）和式（20）均大于 0 是因为 $\beta_B < \beta_H$ 且 $\gamma_E < 1$。式（19）表示银行总是遭遇信贷约束，其作为金融中介融通资金的能力受到限制，由此产生了式（20）中正的存贷款利差。而且随着银行资本金监管要求的提高，即 γ_E 变小，存贷款利差随之增大。

尽管我们以抵押品约束机制引入金融摩擦，但是却得到了和外部融资溢价机制相同的结果，即本文的理论模型也存在"金融加速器"机制：微小的外生冲击将通过金融摩擦放大并传导至实体经济。

此外，前文中曾经提及，企业信贷约束的影子价格 $\lambda_{E,t}$ 出现在式（9）和式（10）中，影响了企业对贷款和房产的需求。

综上所述，企业在向银行申请贷款时遭遇的信贷约束限制了其用于扩大生产的贷款数量；银行在向家庭吸收存款时遭遇的信贷约束同样限制了其将存款转化为贷款的能力。这两个金融摩擦的引入均导致了更低的稳态的经济总产出。除此之外，两个信贷约束条件的松紧变动，即 m_H 和 γ_E 的大小变化，也同样会使总产出偏离其稳态值。

4.3　房地产泡沫破裂的数值模拟

在本文的模型中，如果房地产泡沫破裂，那么将会有大批住房抵押贷款违约，就如此次美国次贷危机所发生的情形，由此预示着一系列的家庭违约冲击 $\varepsilon_{t+s} > 0, s = 0,1,2,3,\cdots$。因为这些不利的外生冲击，银行不断遭受损失，其资本净值 $K_{B,t} = L_{E,t} - D_t - E_t\varepsilon_{t+1}$ 持续减少。为了满足资本充足率的监管要求，也为了避免资不抵债，发生挤兑，造成流动性枯竭，银行被迫出售资产，回收贷款，降低杠杆率。

同时，家庭违约冲击减少了银行资产所代表的抵押品的真实价值，从而收紧了其信贷约束，即式（13）：$D_t \leqslant \gamma_E(L_{E,t} - E_t\varepsilon_{t+1})$，使其影子价格 $\lambda_{B,t}$ 上升。

根据式（14）和式（15），忽略贷款调整成本，则可得存贷款利差为

$$E_t[R_{E,t+1}] - R_{H,t} = \frac{\lambda_{B,t}}{m_{B,t}}(1 - \gamma_E) \qquad (21)$$

其中，$m_{B,t} = \beta_B E_t[C_{B,t}/C_{B,t+1}]$ 为银行的随机贴现因子。从中可以看到，当银行的信贷约束的影子价格 $\lambda_{B,t}$ 上升时，存贷款利差也随之上升。当银行的资本净值减少，使其资本充足率约束变得更紧时，银行对其资产要求的回报率就更高了，即贷款利率变得更高。由此抑制了企业的贷款需求，拖累经济增长。

再来分析企业的行为，将其信贷约束，即式（8）复述如下：

$$L_{E,t} \leq m_H E_t \left[\frac{q_{t+1}}{R_{E,t+1}} H_{E,t} \right]$$

因为房地产泡沫破裂，所以可以预期未来房价 q_{t+1} 将下跌，同时由上文可知，银行贷款利率 $R_{E,t+1}$ 将上升，两者共同导致企业抵押品的价值不断下降。企业遭受的信贷约束收紧，因此不得不减少贷款，降低杠杆率。

综上所述，当房地产泡沫破裂后，银行由于遭受损失，资产负债表恶化，资本金受到侵蚀，限于资本金监管要求以及为了避免破产，不得不出售资产，回收贷款；而且为了弥补损失，银行还提高了存贷款利差。对企业而言，资产泡沫破裂同样恶化了其资产负债表，使其遭受的信贷约束收紧，被迫减少贷款。因此，房地产泡沫破裂使银行和企业的资产负债表都遭受了不利冲击，而银行和企业为了修复其受损的资产负债表，共同导致了贷款减少、存贷款利差上升的结果，从而抑制了经济增长，使经济陷入资产负债表衰退之中。

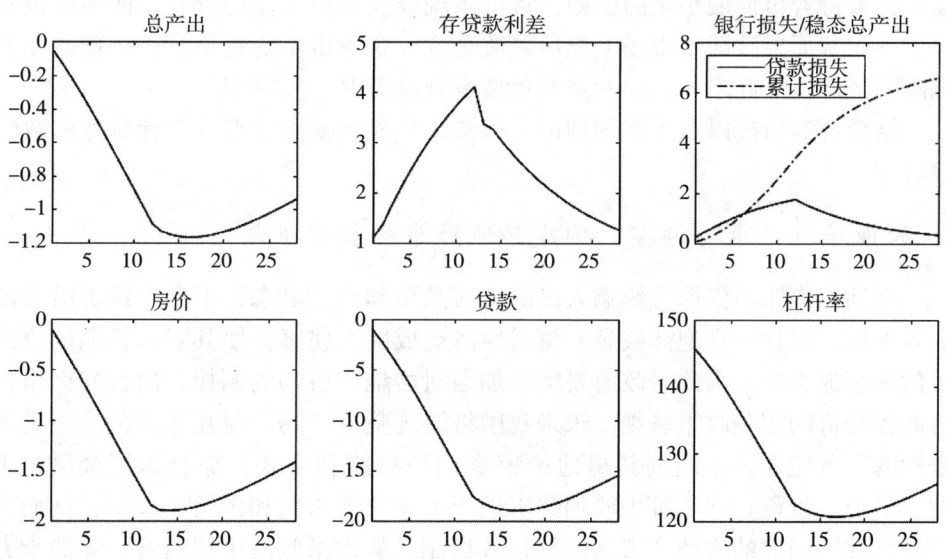

图2　房地产泡沫破裂后的数值模拟

更进一步地，我们通过数值模拟来更为直观地展示当房地产泡沫破裂后，持续的家庭违约冲击将对经济造成怎样的深远影响。假设银行贷款2%的坏账率在12个季度（即3年）中不断均匀地暴露出来，如图2中第三幅图所示，银行的贷款损失相对于总产出的比例在3年后接近2%，之后再逐渐回归到0。

我们由图2可以看到，房地产泡沫破裂后，不仅房价下跌，银行遭受巨额损失，还拖累总产出下降，导致经济陷入长期衰退。此外，存贷款利差飙升，贷款减少，而且贷款下降幅度大于总产出下降幅度，从而使经济被动去杠杆，杠杆率下降，也就意味着资产负债表逐渐得到修复。只有当资产负债表修复完成后，经济才开始缓慢复苏。图 2 的数值模拟均印证了我们之前所做的分析。

5. 结论及政策建议

本文构建了一个包含房地产和金融摩擦的 DSGE 模型，以数值模拟的方式生动形象地阐释了在金融摩擦导致的金融加速器机制的传导和放大作用下，房地产泡沫破裂是如何导致实体经济陷入资产负债表衰退的。一方面，当房地产泡沫破裂时，大批住房抵押贷款违约，银行发生巨额坏账，在资本充足率的监管约束以及避免资不抵债的驱动下，银行大量抛售资产，收紧贷款，市场上流动性枯竭，经济陷入衰退。另一方面，房价的大幅下跌使企业的抵押品价值同步下滑，企业的信贷约束收紧，借款困难。企业为了尽快修复其受损的资产负债表，秉持着负债最小化的原则，将可用现金流均用于偿还贷款，而不是投资再生产。从而导致即便市场上充斥着流动性，企业也不愿意借贷，出现流动性陷阱，经济也由此陷入长期的资产负债表衰退当中。

结合现实情况以及本文的理论分析结果，我们提出三点具有针对性的政策建议：

1. 加强房地产市场调控，构建房地产市场长效机制

房地产泡沫不仅严重影响人民的生活品质和社会心态，不利于经济潜力的有效发挥，而且一旦泡沫破裂，将对经济造成巨大伤害，使其陷入长期的资产负债表衰退当中。因此，政府要继续加强对房地产市场的调控，出台并严格执行调控房价的相关政策法规。未来我国将继续坚持"房子是用来住的，不是用来炒的"的定位，不断创新房地产市场调控思路和方式，综合运用金融、土地、财税、投资、立法等手段加强房地产市场的需求侧和供给侧改革，从而构建符合我国国情的房地产市场调控长效机制。从供给侧改革视角看，党的十九大报告指出要"加快建立多主体供给、多渠道保障、租购并举的住房制度，让全体人民住有所居"，不断优化住房供应结构，发展住房租赁市场特别是长期租赁市场，从而构建起与人民需求相匹配的多层次房地产市场供应体系。从需求侧改革视角看，我国应不断优化现有房地产调控体系，支持自主刚性购房需求，遏制投资投机性需求，从而弱化房地产的金融属性，增强居住属性，具体措施包括分类调控、因城施策、研究并制定房产税等。此外，构建房地产市场长效机制还需有效解决地方政府土地财政问题，厘清中央和地方事权分界与支出责任，从而保持房地产调控政策的连续性和稳定性。

2. 加强和完善宏观审慎监管，防范和化解系统性金融风险

房地产等资产具有天然的杠杆性，"买涨不买跌"特征显著，易发生顺周期波动，央行仅借助传统的货币政策难以进行有效调控。此外，房地产市场还具有特殊性，其与实体经济各产业的关联度高，房价将通过资产负债表等渠道对实体经济造成显著冲击。为了更好地应对房地产市场风险，除了传统货币政策外，还需要加强宏观审慎政策对房地产杠杆水平的有效逆周期调控。党的十九大报告指出要"健全货币政策与宏观审慎政策双支柱调控框架"，可见宏观审慎政策已成为未来我国金融监管的重要方向。近年来，中国人民银行不断加强房地产领域的宏观审慎监管，形成了以"因城施策差别化住房信贷政策"为主要内容的住房金融宏观审慎调控框架。未来，我国将进一步完善房地产市场的宏观审慎政策工具，更有针对性地防范和化解房地产市场可能形成的系统性金融风险，从而有效地维护经济与金融稳定。

3. 综合使用货币、财政和结构性改革政策，特别要重视财政政策的作用

在通常的经济衰退中，主要是依靠央行宽松的货币政策来刺激经济增长。但是，当房地产泡沫破裂导致经济陷入资产负债表衰退时，宽松的货币政策效果有限，因为经济陷入了流动性陷阱，企业忙于修复受损的资产负债表，对贷款和投资非常谨慎，经济陷入了长期停滞当中，就如日本 20 世纪 90 年代房地产泡沫破裂后"失去的二十年"。在货币政策作用有限时，财政政策更能增强经济活力，改善企业的资产负债表状况，从而刺激信贷和投资，使经济重新复苏和增长。2016 年二十国集团（G20）在杭州召开峰会后所发布的联合公报中也赞同了这一点：货币政策将继续支持经济活动，保持价格稳定，与中央银行的职责保持一致，但仅靠货币政策不能实现平衡增长。在强调结构性改革发挥关键作用的同时，我们还强调财政战略对促进实现共同增长目标同样重要。此外，一旦房地产泡沫发生破裂，央行应勇于承担其"最后贷款人"的职责，为市场提供充足的流动性支持。就如此次由美国次贷危机所引发的国际金融危机中，幸而伯南克所领导的美联储坚定果断地承担起央行作为"最后贷款人"的职责，为整个金融市场注入充足的流动性，避免了又一场"大萧条"的发生。

参考文献

[1] 陈利锋. 我国房地产市场调控政策效果比较——基于动态随机一般均衡的

视角 [J]. 当代经济管理, 2017, 39 (11): 15 – 21.

[2] 高然, 龚六堂. 土地财政、房地产需求冲击与经济波动 [J]. 金融研究, 2017 (4): 32 – 45.

[3] 辜朝明著, 喻海翔译. 大衰退：如何在金融危机中幸存和发展 [M]. 北京：东方出版社, 2008.

[4] 何青, 钱宗鑫, 郭俊杰. 房地产驱动了中国经济周期吗？[J]. 经济研究, 2015 (12): 41 – 53.

[5] 刘一楠. 信贷约束、房地产抵押与金融加速器———一个 DSGE 分析框架 [J]. 财经科学, 2017 (2): 12 – 24.

[6] 吴恒煜, 胡锡亮, 吕江林. 金融摩擦的宏观经济效应研究进展 [J]. 经济学动态, 2013 (7): 107 – 122.

[7] 郑忠华, 邸俊鹏. 房地产借贷与中国宏观经济波动———基于信贷扩张视角的 DSGE 模拟研究 [J]. 中国经济问题, 2015 (4): 33 – 45.

[8] Bernanke B. S., Gertler M. and Gilchrist S. The Financial Accelerator in a Quantitative Business Cycle Framework [J]. Handbook of Macroeconomics, 1999, Volume 1, Part C: 1341 – 1393.

[9] Fisher I. The Debt – Deflation Theory of Great Depressions [J]. Econometrica, 1933, 1 (4): 337 – 357.

[10] Iacoviello M. Financial Business Cycles [J]. Review of Economic Dynamics, 2015, 18 (1): 140 – 163.

[11] Kiyotaki N. and Moore J. Credit Cycles [J]. Journal of Political Economy, 1997, 105 (2): 211 – 248.

Housing Bubble, Financial Friction and Balance Sheet Recession: Based on a Numerical Simulation Analysis of the DSGE Model

Wang weian   Yu jiefang   Ma jiajin   Qian xiaoxia

Abstract   Real estate is the pillar industry of the national economy and has made tremendous contributions to economic growth. Once the real estate market goes wrong, the housing bubble bursts, an unimaginable disaster will occur. We focus on the harm and underlying transmission mechanism done to real economy by housing bubble bursts. We construct a DSGE model which contains house market and financial friction, and by using the method of numerical simulation, show vividly how the collapse of a housing bubble leads the economy into balance sheet recession, under the influence and amplification of the financial accelerator mechanism caused by financial friction. The simulation results show that: after the housing bubble bursts, not only house prices fall, the banks suffer huge losses, the total output will also decline, leading to a long – term economic recession.

Key words Housing Bubble   Financial Friction   Balance Sheet Recession
DSGE Models

货币价值的"双重结构"与金融不稳定的内生性[①]

——兼评明斯基的"金融不稳定假说"

张 杰

摘 要 在货币理论史上,主流文献对货币价值的基本结构有所忽视。本文打算对此问题进行初步梳理。本文发现,货币价值的结构问题发端于蒋硕杰对货币供给"合成谬误"现象的讨论,随后在明斯基的"金融不稳定假说"框架中得到深化。基于货币价值的宏微观矛盾,明斯基系统阐释了金融理性走向金融非理性的内在机理与必然逻辑,其中特别点明了银行体系"金融承诺"的特殊关键作用,认为这种承诺是几乎所有类型金融危机的启动装置。本文的推论是,货币价值的特殊结构以及由此导致的金融不稳定的内生性质,决定了金融市场化改革的有效边界。据此,在现实的金融改革进程中,需要慎重把握金融市场化的节奏。特别是,鉴于银行体系在金融非理性生成过程中所扮演的重要角色,应当对其施行更加严格的准入与监管而不是更为积极的市场化。

关键词 货币价值结构 货币的双重价值 金融不稳定假说 金融制度

1. 引言:货币供给的"合成谬误"与制度金融分析

许多人可能不曾知晓,华人经济学家蒋硕杰(1969)在货币金融理论史上最先明确阐释了货币供给的"合成谬误"现象,并据此揭示了货币本身内在的宏微观矛盾。深谙货币金融理论演进要义的经济学家不难领悟,解剖货币制度的宏微观结构,是制度金融分析难以回避的逻辑起点。蒋硕杰发现,以弗里德曼(Friedman,M.)为代表的现代货币适度供给理论存在一个致命缺陷,那就是他们长期坚持认为"整个社会从货币总供给中得到的总效用,仅仅是各个货币余额持有者从其拥有的财产中,预期可能得到的效用总和",而实际情况往往是,"如果各个人的真实余额行将单独增加,人们就不应该只重视各个人预期可能从其真实货币余额得到的效用总量,因为当整个经济的真实余额一同增加时,对该经济将会出现相当大的不经济","这种'外部不经济'通常采取的形式是,逐渐破坏价格体系的稳定和损害金融市场引导储蓄用于投资的效率

---

① 张杰,中国人民大学财政金融学院、中国财政金融政策研究中心、国际货币研究所,邮政编码:100872,E - mail:zhangjie@ ruc. edu. cn。本研究得到教育部人文社会科学重点研究基地重大研究项目"中国金融市场体系完善过程中的政府与市场关系研究"(14JJD790040)和国家哲学社会科学成果文库项目"金融分析的制度范式"(16KJY013)专项资金的支持。

等"。

后来,他在一篇解析当时货币理论"时尚"与错误看法的论文中重申道,弗里德曼教授断定一旦满足了"每个人的货币余额需要,社会福利就会增加",其实这样的说法"含有严重的合成谬误"。在理论上,个人的预期收益,用算术加总起来并不等于社会总收益,因为我们"必须考虑增加每个人货币余额的外部效应"。这个效应"对一个经济的正常运行是如此地有害,以致远大于表面上的个人收益"。若借用科恩(Kohn, M., 1989, 序)的表述,弗里德曼的"适度货币供给概念"其实忽略了,就货币作为价值储藏手段而言,"对个人是最好的",因而多多益善,但是就货币作为交易媒介的社会功能而言,"对社会整体就不是最好的","多多"往往意味着灾难。微观看是收益,宏观看是风险;存量看是财富,流量看是灾难,货币之谜由此凸显。

其实,斯密早就意识到,"形成'流通大轮'的金属货币并不构成社会收入的组成部分,而仅仅作用于构成净收入的工资、利润和租金的增长"(伊藤·诚、考斯达斯·拉帕维查斯,1999,第14页)。也就是说,货币不构成集体收入(宏观),它只是个体收入(微观)的组成部分。遗憾的是,斯密本人并未对此加以深究和展开,而后来的经济学家则根本就没有领会和留意这一观点的深刻含义。总而言之,如何弥合货币本身内在的宏微观矛盾以及在货币财富通往金融灾难的道路上建立相应的调适机制,当是制度金融学难以回避的核心问题。

不仅如此,长期被主流金融学忽视的是,货币因素总是处在经济金融运行过程内生的集体非理性的"风口浪尖"上。可以说,任何一个轮次经济金融资源配置的市场过程,总是以货币因素开始,而以货币因素结束。值得注意的是,同为货币因素,后者却具有"倍数效应"。一开始,货币因素中饱含着个人理性,经过随后的市场过程以及相应的逻辑转换,到最后,这些个人理性会发生不易被人察觉的微妙蜕变和重组。在有些情况下,它们组合成集体理性,而在另外一些情况下,它们又凝结为集体非理性。如果不幸出现集体非理性的情形,在绝大多数情况下,市场中各类利益主体竞相追逐个人理性导致的金融"缺口"往往留给货币机制去填补。历次经济危机最终都表现为货币危机,其原因便在于此。仅依此看,2010年以来愈演愈烈的欧元区危机,其实是相关各国的个人理性(财政利益)加总为集体非理性(货币困局)的合乎逻辑的结果。经济危机是一个有机过程,它起初掩藏着人们介入市场过程之后难以抑制的追逐回报增长的货币冲动(或者贪婪),这种冲动会在市场逻辑的自动作用下迅速完成加总,进而凝结成一股异常强劲的金融冲击力量,直扑特定经济体制按照常规风险设防的预算约束机制。

金融危机史的常识告诉我们,面对已然形成的金融冲击,任何看似坚固的预算约束机制从来都难以支撑,有时甚至不堪一击。最终,不管是有意还是无意,经济金融决策当事人都无一例外地选择了"后撤",将阻挡或者缓释集体非理性冲击的艰巨任务留给同样脆弱的货币机制。从理论上讲，在任何经济体制下，相较于预算约束中的其他机制（如财政），货币机制是其中最"软"的一块，因为现代银行体系框架为其提供了一种特殊的弹性装置。于是乎，大量的"流动性"被挤了出来，弥漫整个市场过程的"金融紧张"得到了暂时缓释。但此时此刻，绝大部分市场参与者并未意识到一种更大的风险和成本正在等待着它们，因为就在流动性被挤出的一刹那间，个人理性"惊险地"完成了其向集体非理性的最终蜕变①。紧随其后的结局不言自明：要么用更大的财政代价挽救危局，要么与集体非理性同归于尽。需要指出的是，由于主流（新古典）金融学将货币因素排除于理论框架之外，因此无法讨论上述"理性加总"的性质及其后果。由此看来，制度金融学是真正将货币因素纳入分析框架并将其置于核心位置的新理论体系。

2. 货币的两副面孔

在理论史上，上述有关货币本身的"合成谬误"以及宏微观矛盾，仿佛凸显了深藏于经济学家们内心最深处且不轻易表白的道德倾向。货币被作为流量，似乎展现的是经济学家立足宏观大局、兼济天下的博大胸襟，而其被视作存量则俨然刻画了经济学家的另外一副面孔，即与微观市场中寻常商贩们厮混为伍的斤斤计较乃至见利忘义。仅仅由此便似乎可以合乎逻辑地推得，流量分析是高贵的，而存量分析则是低俗的。但问题在于，既有的货币金融实践每每表明，当人们手持货币徜徉于微观"低俗"的熙熙攘攘与车水马龙时，货币的宏观"高贵"总是难以独善其身；货币的"宏观尊严"（币值稳定）总是被持有者的"微观贪婪"（资本化收益）所玷污和损毁。正如德国哲学家西美尔（Simmel，Georg，1900）在其货币文化哲学框架中早已挑明的那样，金钱（货币）具有一种独特的"夷平"作用，它会使所有高贵的东西向低俗因素看齐。货币除了节约交易成本、使社会经济交往变得更加便利之外，它还"使人与人关系中的内在维度不再必需，人与人内在情感的维系被人与金钱物质的抽象关系所取代，人跟钱更亲近了，人跟人反倒疏远了"。货币原本只是一种交易手段，但是随着作为手段价值的提升，它逐步突破某种界限而由相对价值蜕变为绝对价值发挥效力，从此"货币中所包含的目的意义便告终结"（西美尔，1900，第161至第162页）。最终，货币只是通向最终价值的桥梁，但许多人却宁愿选择住在桥上。西美尔进一步感叹道，由货币引发的手段与目的相互倒

---

① 樊纲、张曙光等（1990，第228页）在解读中国货币竞争现象时曾经指出，"经济过程中出现的'过量货币'，不一定是由计划者或中央银行的决策者故意发出来的，而是在利益竞争过程中由大家'挤'出来的。资源是有限的，大家都来争，就像向一块既定大小的馅饼上挤，结果，挤出的不是油，而是水，即不断贬值的货币"。

置的文化转型已经深入到现代人的精神领域,"方式凌驾于目的的过度增长,在外部生活凌驾于我们灵魂生命的力量中,找到了它的顶点",最终,人的精神中最内在、最隐秘的领域也被货币这种"绝对目的"导致的物化和客观化占领了(陈戎女,2002,第9页)。从不太严格的意义上说,新古典货币理论属于相对价值主义或者"路过主义",而凯恩斯主义货币理论则倾向于绝对价值主义或者"栖身主义"。当然,货币的"本末转型"并非西美尔的独家发现,若征之于理论史,围绕货币是手段还是目的的讨论自亚里士多德提出所谓的"亚里士多德困局"以来就一直若隐若现,其中不乏马克思、凯恩斯这样的重量级人物。

更有意思的是,在人们选择与货币建立亲近关系之后,发现"金钱对人、跟它对其他所有东西一样,是完全中性的";此时此刻,一个起初满怀"高贵"期望与货币建立联系的当事人一定会心存怨怼:货币对高尚行为的服务和报偿为什么会与卑鄙行为一样甚至有时还逊于后者(陈戎女,2002,第7至第8页;刘小枫,2013)。按理说,保持"高贵"的成本更加昂贵,应当天经地义地获取更多的货币服务和回报,但残酷的现实则是,低成本甚至无成本的低俗或者卑鄙竟然能够得到同样甚至更高的报酬。既然货币充当了所有事物"低俗"的等价物,将高贵与卑鄙放置于同一个价值天平,并期望求出平均解,那么,高贵以及其他"事物最特有的价值"将受到损害。最终,更多的"高贵"会选择与"低俗"同流合污。无论如何,面对货币的微观诱惑,人们以及人类社会总会迷失宏观方向。上帝以及先哲们何曾预料,人们手中那一摞摞爱不释手的现实货币,总是时常扮演着将个人金融理性引向集体金融非理性"陷阱"的"向导"角色。

3. 货币的双重价值

借助"金融不稳定假说"(Financial Instability Hypothesis),美国经济学家明斯基(Minsky, Hyman P. , 1986)阐释了金融理性逐步走向金融非理性的过程与逻辑。他认为,市场经济制度本身天然地包含着某种自动走向集体非理性的内在机制;如果放任自流,周期性的金融危机将不可避免。其实,明斯基的分析一开始就着眼于两个层面,一个层面是货币的双重价值结构,另一个层面是金融非理性逻辑。

在明斯基看来,货币本身包含双重价值,即宏观价值和微观价值。前者为"流动性价值"或者"保险价值",也即通常所讲的交易(媒介)价值;后者则指资本资产价值,近似于凯恩斯通常所指的投机价值。在理论史上,人们针对货币这只"手",曾经分别从"手背"和"手心"两个侧面进行过详尽讨论,乃至形成几乎对立的货币理论体系(如前述费雪方程式以及后来的货币主义框架与凯恩斯货币需求模型）。但有意思的是，却很少有人明确挑明并且强调"手背"和"手心"两者之间的联系。想必，货币的上述两面属性在不少身处其中的经济学家那里是"心知肚明"的，但长期以来，他们或许出于捍卫各自理论传统或者学术阵地的考虑，都不约而同地选择了小心翼翼地维护这层微妙而脆弱的"窗户纸"。可未曾料想，明斯基突然间站了出来，以其特立独行的直率理论风格将其捅破，并随即动摇了维持数十年的货币理论格局。

明斯基单刀直入，开宗明义地指出货币的宏观价值和微观价值从来就是一对矛盾统一体。他认为，"在一般情况下，资本资产的价格是货币量的增函数，因为当货币量增加时，货币中所包含的保险价值会降低"。货币原本只是一种交易媒介，人们持有它主要是为了满足其流动性需求。若人们对货币的需求只停留于此，经济运行便会进入风平浪静的"新古典境界"。但问题是，在新古典境界中，仅仅作为交易媒介而持有的货币不会产生任何实际收益。按照明斯基（1986，第187页）的看法，在经济运行的平静或者稳定时期，"流动性非常充足以至于它几乎没有价值"。在这种情况下，人们就会产生将手中的流动性尽快"资本化"从而获取某种收益的冲动；货币一旦走上资本化路径，就预示着它要历史性地完成一次华丽的"微观转身"。耐人寻味的是，就在货币完成"微观转身"并初尝微观资本收益"甜头"的那一刻，一条通往宏观货币灾难的"地狱之门"却在不知不觉中悄然打开。

此时此刻，主流（微观）金融学家们却因此被"一叶障目"，他们从此只知"微观转身"之后的货币面目，坚信货币从来就是因追求资本资产收益而生。殊不知，就货币制度本身的演进逻辑看，流动性为本，资本性为末。因此，主流（微观）金融学过分强调货币的微观功能，其实是本末倒置。不仅如此，主流金融学家们还"伙同"各类金融机构借助五花八门的金融创新"推波助澜"，使货币在资本化的道路上渐行渐远，而对与此相伴随的宏观货币（流动性）风险熟视无睹。他们未曾料想，市场主体针对货币价值的微观冲动会动摇其宏观价值的稳定；一旦金融创新和资本化使货币的微观机制与宏观机制偏离均衡点过远乃至断裂，则货币金融危机将难以避免。

换一个角度看，货币本身既是私人品又是公共品。作为私人品，它体现了所有权及其收益，任何一个合法持有货币的个人都有权对其进行各种形式的配置；作为公共品，它是社会利益的化身，需要时刻保持平稳持重的姿态。显然，货币自打产生起，其微观属性与宏观属性就存在着天然的冲突。一国货币制度安排以及货币经济运行，其要义就在于寻求货币的宏观价值与微观价值之间的妥协与均衡。我们已知，既有的货币理论，新古典框架更多专注于货币的宏观层面，而凯恩斯学派特别是派生于此的微观金融理论支系则侧重于货币的微观含义。他们围绕货币价值各执一词，但都无法探究货币价值的整体结构。相比之下，制度金融分析框架从一开始就关注货币宏微观价值之间的均衡机制及其绩效，因此，在重建货币价值理论新范式的进程中理应有所担当，而且当仁不让。

作为微观市场主体,人们不愿意持有更多流动性,而倾向于尽量将手中的流动性资本化,这原本无可厚非。道理很简单,私人持有更多流动性,尽管对货币的宏观价值有好处,但却要付出微观零收益的机会成本(代价)。我们不能苛求微观市场主体会考虑货币的宏观价值,因为货币的宏观价值是一个"加总"过程的结果,而微观市场主体显然不具有"加总"的功能,当然它们也没有这个义务。作为微观市场主体,其理应追求的是资本化收益,而不是货币本身的宏观价值。那么,该由谁来为货币的宏观价值负责呢?是"市场内"因素还是"市场外"因素?

粗略地看,新古典主义倾向于前者,而凯恩斯主义倾向于后者。无论如何,有一点似乎很明确,那就是能够当此大任者,必须具有相对超脱于微观市场主体利益的特殊效用函数。在我们有限的认知范围内,拥有这种特殊效用函数的"制度安排",除了上帝,就是政府了。尽管政府也有其自身的"微观利益",但那也只有通过微观市场主体"集资"建立某些特定的监督约束机制尽量加以抑制。清醒的微观市场主体深知自身具有目光短浅甚至"见利忘义"等难以克服的弱点,因此需要未雨绸缪,事先设计一些包括政府因素在内的制度约束机制,防范自己在追求资本化收益的道路上滑得过远。长期以来,主流货币金融理论总是执拗地认为市场会将个人的"资本化"利益自动加总为货币的宏观价值。面对于此,处于市场化转型与制度变迁过程的中国经济学家曾经几度彷徨。如今看来,明斯基早就对此洞若观火。

4. 金融不稳定的微观基础

明斯基被理论界极力推崇和热捧的(特别是 2007 年美国次贷危机以来)是他对"金融不稳定假说"的论证,其中围绕金融理性走向金融非理性的内在逻辑的精彩讨论最为引人注目。明斯基在其系统阐述"金融不稳定假说"的那本专门著作的第一版前言中就开宗明义地指出,我们"需要弄清楚那些追逐利润的商人和银行家如何把一个最初富有活力的金融体系变成一个脆弱的金融体系"。不用强调,问题的要害在于选择一个适当的角度刻画和剖析金融体系由"稳定"滑向"脆弱"的内在机理。

明斯基选择了"融资方式"这个看似普通其实"刁钻"的视角。说其普通,是因为融资对任何一个微观市场主体都是每时每刻需要面对的平常事情;说其"刁钻",则是因为任何貌似坚固的理论和现实堡垒都或多或少存在内部裂痕,而这些"不平常"的内部裂痕往往掩藏于看似"平常"且不被人轻易发现或者时常被人忽略的资金收支过程之中。常言道,"堡垒往往是从内部攻破的"。看来,明斯基深谙此道。事实表明,从微观市场主体自身的具体融资行为"小处着手"是窥探金融体系内部"底细"最为有效的途径。从理论上讲，在上述"内部裂痕"被发现的同时，也就意味着寻求到了"宏观"金融不稳定的微观金融基础。

既然已经确定了融资方式视角，紧接的问题便是具体选择切入讨论的逻辑起点。其实，基于前述，明斯基在分析货币的双重价值结构时就已经预先将讨论金融不稳定问题的逻辑起点暗藏其中。我们已知，货币本身兼具流动性价值和资本化价值。当货币仅作为流动性而被持有时，不会给持有者带来任何具体收益，如果此时经济金融处于"平静期"（Periods of Tranquility），则货币的流动性价值便会下降（往往与低利率相伴随），在这种情况下，持有者一般会更看重货币的资本化价值，从而倾向于将手中的流动性转换为各种金融工具以便获取资本化收益。对金融体系的总体格局以及运行绩效来说，这无疑是一个十分重要的时刻。货币持有者一旦开始追求资本化收益，微观市场主体之间围绕各类金融合约的签约以及与此伴随的支付承诺（Payment Commitment）将接踵而至。

对每一个市场主体而言，任何一次支付承诺的做出总是更多地基于签约当时的市场条件和金融预期。可是，金融市场充满着不确定性，现在可靠的支付承诺会随着时间的推移在未来的某个时期变得难以履行甚至失效。到那时，人们往往发现手头的可得资金与事先的支付承诺存在一定数目的"差额"。在这种情况下，为了履行支付承诺而进行的融资活动将在所难免，并由此进一步派生出所谓的"融资承诺"（Finance Commitment）。不过，市场主体之间履行支付承诺的能力总是千差万别。一个支付主体履行支付承诺的能力取决于其"承担法律责任而所需的最低现金流"的类型以及性质，而不同的市场主体拥有不同类型（以及性质）的现金流结构。显然是由于领悟到了现金流问题的重要性，明斯基（1986，第178至第183页）不惜花费数年时间对此进行了专门讨论。他将支付主体的现金流分为三类，即收入现金流（Income Cash Flows）、资产负债表现金流（Balance - sheet Cash Flows）和投资组合现金流（Portfolio Cash Flows）。

在这个现金流结构中，收入现金流来自实实在在的实体经济过程，它构成履行支付承诺的基石，其余两类现金流都与金融工具以及金融资产的交易过程相关，其自身因受市场条件和金融预期的影响而充满不确定性。这样，判断或者甄别一个支付主体履行支付承诺能力孰大孰小的关键就变得简单明了，那就是只要看其现金流结构中收入现金流到底占有多大的比重即可。可以说，如果市场中的大部分企业都努力拥有以收入现金流为主体的现金流结构，则整体市场就一定会趋于保持良好的支付承诺，滋生金融风险的概率也一定较低。正因为如此，明斯基断言，"金融不稳定性与收入现金流、资产负债表现金流以及投资组合现金流的相对重要性有关"，它直接"决定了金融体系对金融崩溃的承受能力"。

不仅如此,上述现金流结构还直接决定着融资承诺的性质以及融资方式的选择。明斯基将融资方式分为三类,即对冲性融资(Hedge Finance)、投机性融资(Speculative Finance)和庞氏融资(Ponzi Finance)。他认为,通常情况下,收入现金流对应于对冲性融资,资产负债表现金流和投资组合现金流则对应于投机性融资和庞氏融资。由于面临市场的不确定性,一个市场主体的资产负债表现金流极有可能大于预期收入,在这种情况下,唯一能做的除了延期支付就是增加债务;前者促使市场主体寻找投机性融资机会,而后者则诱使市场主体从事庞氏融资。无论如何,为了履行支付承诺,后两种融资都需要被迫进行投资组合交易(出售资产或者债务)。相比之下,对冲性融资主体有时也会通过投资组合交易来获取资产,但那只是一种主动的金融策略。若换一个角度看,对冲性融资其实是一种内源融资,或者相当于"攒钱"融资,它对企业的成本与收入较为敏感,而不太受金融市场环境变化的影响。其余两类融资方式则属于外源融资,或者相当于"借钱"融资,借钱对象无论是商业银行还是资本市场,都对金融市场条件的变化十分敏感。相较于对冲性融资,后面两类融资的信息问题和不确定性程度更为严重,从而风险更大。正是基于此,与前述现金流结构事关金融稳定水平的判断相对应,明斯基进一步指出,"经济中对冲性融资、投机性融资和庞氏融资的权重是经济稳定性的一个决定性因素,而存在大量投机性融资和庞氏融资的头寸是触发金融不稳定的必要条件"。

明斯基并未停留于对融资方式及其结构本身的静态讨论,他的过人之处是发现并阐释了融资方式由对冲性融资向投机性融资甚至庞氏融资演进的动态过程以及内在必然性。若基于制度金融分析框架,这种融资方式的演进过程其实凸显了金融理性逐步走向金融非理性的内在逻辑。根据前述,在一个以对冲性融资为主体的融资结构中,伴随流动性价值"贬值"以及利率走低,市场主体的获利空间十分巨大。对任何一个理性的市场主体来说,在很长一段时间未出现融资困难,极易使其对未来经济充满乐观情绪。由于"经济中存在引致经济行为主体进行投机性融资的利益预期",无论是贷款主体还是银行体系,"都存在用更多的短期债务来为资本资产和长期债务进行融资的获利机会"。基于此,不断增加针对长期投资的短期融资就会成为一种常态。重要的是,在市场主体争先恐后地抢夺短期获利机会的场合,它们不可能对长期融资合约感兴趣,或者根本难以考虑资本资产预期产生租金的时间。在这种情况下,一旦遭遇金融市场的不确定性,一般来说,"经济无法产生满足履行偿还承诺所需要的现金,偿还承诺就只有通过收入现金流和投资组合现金流两种方式的结合来履行"。就这样,经济金融运行便在市场主体对短期收益的哄抢中合乎逻辑地滑入颠簸前行、前途未卜的幽深通道。

有意思的是,多数情况下,市场主体大都对上述短期融资的风险了然于胸,也就是说,当双方签订金融合约时,它们"可能已经预见到了为了履行支付承诺和使企业继续经营而进行延期支付或者增加债务的需要",但为什么大家还是义无反顾地"赴汤蹈火"呢？原因其实很简单，对于每一个单独的市场主体，它们采取金融行动时只会考虑短期融资给自身带来的收益，而不会顾及这种短期融资行为对市场中其他主体甚至整个金融市场所施加的成本影响；当每一个微观市场主体均忽视对其他市场主体所施加的成本影响时，就会不断进行短期融资以及投资组合交易，以便将成本进一步地分摊于整个市场，直到将市场的全部租金稀释殆尽为止。可每到此时，整个金融市场早已人满为患，当人们倏然间回过神来准备抽身时，却为时已晚；举目四顾，几乎每一个市场主体都已深陷支付困境而难以自拔。人们开始纷纷寻找出路，可左冲右突，别无良策，最终只能选择庞氏融资而饮鸩止渴。直到金融危机爆发，每一个微观市场主体才如梦初醒。它们亲眼见证了，当初自以为是的短期融资行为竟然被市场机制悄无声息地"事后加总"成如此惊心动魄乃至惨不忍睹的可怕结果[1]。

5. 银行体系的作用

主流理论长期以来一致认为金融不稳定是经济"外生力量"作用的结果。在此过程中，有一种因素值得特别关注，它就是银行体系。可以说，正是银行体系的介入，由短期融资牵出的支付困境才会向金融体系的深层演化。明斯基（1986，第203至第222页）反复提醒，银行业是经济增长融资的关键因素，同时也是一种容易引起和放大不稳定性的破坏性力量。在明斯基看来，这种力量蕴藏在货币与银行融资的独特关系之中。他觉察到，货币之所以会产生，是因为"银行在融资活动中给出了一个归还借款的承诺，而它的消失是因为银行履行了这个承诺"。银行体系以其天生的"制度优势"在此中间扮演着特殊的角色，这种优势表现在"银行的运营不受资金出借人的控制"，以及"银行在贷出资金时不需要全部直接提供现金"。

---

① 与明斯基理论的先见之明形成鲜明对照的是格林斯潘（Greenspan, Alan, 2013，第71至第78页）事后的理论"忏悔"，后者在其《系统反思金融危机》的一本著作中坦承，此前，他一直坚信，"自由市场尽管有那么多缺陷，但仍在理论上和实践中取得了压倒性的广泛成功，相比之下，支持其他经济制度的说法则充满缺陷和缺乏说服力"；但2008年的国际金融危机却给他以巨大的冲击，随着"金融风险的理性管理"这根稳定市场经济最重要支柱之一的"普遍坍塌"，他的"经济观"出现了裂痕。面对史无前例的金融动荡，他一度陷入迷茫，"从完全的自由放任到高度的中央计划，我不知道有哪种经济组织形式曾经完全成功实现可持续经济增长最大化和持续稳定的双重目标。中央计划经济显然失败了，但考虑到人性的弱点，我也高度怀疑资本主义经济能实现完全稳定"。另据马尔基尔（Malkiel, Burton G., 2013）针对上述著作所做的评论，格林斯潘对主流理论长期坚持的理性假设提出了质疑，比如他认为，传统的经济预测方法之所以失败，是因为它们几乎不关注行为经济学家的工作。如果人们能够将特殊行为环境和趋势，比如愉快、恐惧、惊慌、乐观和扎堆等非理性行为与预测模型结合在一起，则预测效果就可以改进。有效的经济模型不应当假定绝大多数人的行为是完全理性的，也不应当假定所有的结果都包含在可预测的正态分布曲线当中。对于2008年出现的金融崩溃，他痛心疾首地承认：在监管银行体系的问题上，我过去是错误的；对金融体系不能听之任之，必须加以管理。

我们已知，市场主体为长期投资进行短期融资本身潜藏着深陷支付困境的可能。一旦支付承诺无法得到履行，则意味着经济中需要更多的货币来满足其流动性，由此溢出的资本资产价格上升将诱使企业和银行进行大量的金融创新和做出更大规模的金融承诺。从理论上讲，银行家的"现金流偏好"对应于稳健的融资结构。但在好的年景，信誉卓著的客户总会提出更多的贷款需求，每到此时，银行往往"耐不住寂寞"，其金融行为中就会逐渐充斥各种旨在规避监管的金融创新。特别是，银行家天生具有突破"现金流导向"进而追求资产预期价值的强烈倾向，"获利机会一旦出现，银行总是倾向于金融创新，通常借助增加杠杆率抓住机会"。可是，它们未曾预料或者总是漠视，正是这种为市场主体（包括银行自身）创造获利机会的微观金融行动，却每每成为导致宏观金融不稳定的根源。如果最终的风险化解是靠货币当局的流动性救助，则起初的微观金融冲动就会演化为严重的宏观货币危机。

银行体系为什么不通过建立稳妥的准备金机制而未雨绸缪呢？原因其实一目了然，对银行而言，准备金代表放弃的收入，因此，银行家先天具有尽量少持有准备金的偏好。银行家明白，一旦出现流动性问题，货币当局通常会因顾及宏观风险而向银行体系注入准备。在货币金融演进史上，每一次货币当局与商业银行家之间的"金融博弈"，"银行家几乎总是获胜"。当然，获胜的代价是经济的稳定性遭到破坏，"真正的输家是那些饱受失业和通货膨胀之苦的普通老百姓"。鉴于此，为了促使银行业怀有某种程度的"现金流偏好"和拥有一个相对稳健的融资结构，借以遏制微观金融理性加总为宏观金融非理性的势头，政府有充分的理由保持对银行体系的强有力监管。那些一味鼓吹银行竞争和放松银行管制的观点，如果不是受到某种特殊利益的牵绊，便是对银行理论以及运行机理的无知。

6. 金融制度的重要性

明斯基的理论创见以及理论的深刻性还表现在其对金融制度因素特别是金融权利因素的关注上。在明斯基（1986，第 203 页，第 223 页）看来，无论是货币主义方法还是标准的凯恩斯主义方法，它们都假定"货币是完全独立于制度因素的"，而实际上，货币由经济运行过程内生决定，或者说货币来源于经济本身，当然银行体系等其他金融因素也不例外。甚至可以说，几乎每个人都能够创造货币（以及银行），问题的关键是如何使足够多的人来认可和接受。他对货币与制度因素之间关系的刻画可谓既直白而又深刻：货币即制度因素。他认为，经济学家必须重视货币，尽管这个研究主题对主流经济学家来说很不对胃口，"当货币受到关注时，本来被公认的抽象推论中就加入了制度因素"。他对货币主义理论及其政策的批评更是直言不讳，认为货币当局只关注货币供给规则（货币外生）

就如同给自己"戴上了眼罩",从而限制了政策视野。

明斯基自然不会满足于针对主流货币金融理论的局部论辩,他从一开始就着眼于对相关理论框架的系统性清理。他坚信,现实经济金融分析面临的许多问题需要在"一个存在着特定制度和融资惯例的经济中,而不是在一个抽象虚构的经济中得到解答";新古典理论所忽略的,正是"制度特别是金融制度"所引起的那些它"不能解释的现象"。因此,不包含金融制度因素的所谓金融理论是不完整和缺乏解释力的。明斯基打算建立一种新理论,那些被新古典理论忽略的"资本主义金融制度的特定属性"恰好可以作为"构建新理论的基础"。这种新理论的要害是证明金融不稳定的"内生性"以及解释经济为什么会波动,并由此表明"金融市场的不稳定性以及不连贯性与金融结构的脆弱性紧密相关,而这种金融脆弱性在资本主义经济的资本资产所有权融资和投资过程中会不断涌现"。

在这里,明斯基"故伎重施",选择由金融市场的连贯性这个"小处"着手来"顺藤摸瓜"。新古典理论(以及此后的新古典综合理论)一直坚持认为,经济金融运行本身原本具有内在的连贯性,这种连贯性有时会被打破,例如 20 世纪 30 年代的经济大萧条(以及 21 世纪初期的次贷危机),但那不是经济金融过程内生的结果,而是由外部因素(诸如不完善的制度、人类误判以及中央银行的干预等)引致的。当这种外部因素的作用消退时,经济金融的不连贯性会借助市场机制自身的力量而得到自动修复。

可是,基于前述"金融不稳定假说",经济金融的不连贯性具有自身生成与演化的内生逻辑,它经历了一个由个人金融理性自动加总为集体金融非理性的完整过程。就新古典理论长期扭住不放的外在因素而言,客观地说,在一些情况下,它的确看似引爆了某场金融危机(其实仅仅是引爆而已),但在另一些情况下,它却实际起到抑制不连贯性发生的作用(新古典理论往往对此避而不谈)。主流理论可能会认为,市场(其实只是商品市场)的连贯性遵循所谓的"替代原则"(需求曲线的斜率为负),也就是说,一种商品的相对价格上升会导致其数量减少,或者说,高的相对价格会抑制人们对商品的使用。但这种原则并不适用于金融市场,一个明显的例子是,一些金融工具或资本资产相对价格的上升往往引致对其需求的增加。明斯基据此推断,"能够证明交换经济是连贯的和稳定的逻辑本身并不能同时证明有着资本主义金融制度的经济就具有同样的性质"。直观地看,既然替代原则对金融市场并不适用,那么,包含金融市场因素的经济运行就难以保证连贯性。

一旦承认经济金融运行具有内在的不连贯性,则外部的控制和协调机制以及与此相对应的制度设计就有存在的必要。而事实上,金融制度包括"中央银行和其他金融控制装置都是对金融市场中令人头疼的不连贯性做出的反应"。显而易见,事情的真相或者逻辑应当是这样的:不是我们非要强调金融制度或者制度设计的重要性,而是经济金融运行的不连贯性迫使我们不得不重视金融制度。

7. 余论：价格、权利与新范式

如果确认了经济金融运行的不连贯性，则主流理论"价格权威"假设的合理性也就不攻自破。我们已知，在新古典理论刻画的竞争市场中，每一个市场主体都要按照某个事先给定的价格行事，这就意味着，每一个市场参与者都是被动的，市场价格处在"唯我独尊"的地位。问题在于，经济金融运行已被证明是不连贯的，这就意味着那个能够精确引导经济金融资源配置、自动促成市场供求均衡的万能的"价格权威"不复存在，代之而起的是长期以来备受主流理论排斥的市场主体的"个人行为"。从理论上讲，市场主体个人行为的核心是经济金融权利，仅基于此，主流理论的完全市场假设以及与此紧密伴随的经济金融连贯性，其实是在剔除个人经济金融选择权条件下方能实现的鲜见（或者不可能）结果。正如明斯基所强调的那样，市场主体的"无权利"确保了"连贯性"。话说回来，价格可以保证连贯性，显露的是人们对信息、时间以及不确定性的无知与傲慢，而强调个人权利则反映了人们对市场结构、市场主体有限理性以及市场本身从冲突、妥协直至达成利益博弈均衡过程的客观认知。

经济金融理论范式从单纯维护市场"价格权威"到凸显市场主体的"权利权威"，标志着整个经济金融理论发展史从自负到内省的理念回归。也正是在此种意义上，尽管明斯基并未围绕金融权利与金融不稳定的逻辑进行深究，但仅就他对经济金融权利因素的发现和强调，便可赋予其"金融不稳定假说"以浓厚的制度范式内涵和深远的"经济学革命"意义。归根结底，若存在价格权威，则意味着个人金融理性可以自动加总为集体金融理性，一切问题都属于"市场内"问题。只有考虑了个人权利因素，才会有个人金融理性的产生，因为个人金融理性的实质就是个人金融权利的拥有和表达。只有在考虑个人权利的场合，个人金融理性加总为集体金融非理性的过程才会寻找到理论上的逻辑起点。一旦出现了集体金融非理性，"市场内"问题就会转换为"市场外"问题，政府因素方可获得介入市场行使协调责任的合理性，进而也才会存在市场（个人权利因素或者私人因素）与政府之间的制度均衡问题。

参考文献

[1] 西美尔著，陈戎女译. 货币哲学 [M]. 北京：华夏出版社，2002.

[2] 樊纲，张曙光等. 公有制宏观经济理论大纲 [M]. 上海：上海三联书店，1990.

[3] 格林斯潘著，余江译. 动荡的世界：风险、人性与未来的前景（*The Map*

and the Territory: *Risk*, *Human Nature*, *and the Future of Forecasting*）［M］．北京：中信出版社，2014．

［4］蒋硕杰（Tsiang, S. C.）．评适度货币供给论［A］//科恩（Kohn，Meir）编，范家骧译．金融约束与货币理论——蒋硕杰经济科学论文集（*Finance Constraints and the Theory of Money*）［M］．北京：北京大学出版社，1999．

［5］蒋硕杰（Tsiang, S. C.）．货币理论的时尚与错误看法及其对金融政策与银行政策的影响［A］//科恩（Kohn，Meir）编，范家骧译．金融约束与货币理论——蒋硕杰经济科学论文集（*Finance Constraints and the Theory of Money*）［M］．北京：北京大学出版社，1999．

［6］科恩（Kohn，Meir）著，范家骧译．金融约束与货币理论——蒋硕杰经济科学论文集（*Finance Constraints and the Theory of Money*）［M］．北京：北京大学出版社，1999．

［7］刘小枫．西美尔的货币文化哲学［J］．金融博览，2013（7）：23 - 24．

［8］马尔基尔（Malkiel，Burton G.）．艾伦·格林斯潘的《地图与疆域》［N］．参考消息，2013 - 10 - 28（12）．

［9］明斯基（Minsky，Hyman P.），石宝峰，张慧卉译．稳定不稳定的经济—— 一种金融不稳定视角（*Stabilizing An Unstable Economy*）［M］．北京：清华大学出版社，2010．

［10］西美尔（Simmel，Georg）著，陈戎女，耿开君，文聘元译．货币哲学（*Philosophie des Geldes*）［M］．北京：华夏出版社，2002．

［11］伊藤·诚（Makoto Itoh）、考斯达斯·拉帕维查斯（Costas Lapavitsas）著，孙刚，戴淑艳译．货币金融政治经济学（*Political Economy of Money and Finance*）［M］．北京：经济科学出版社，1999．

The Dual Structure of Money Value Versus
The Endogeneity of Financial Instability:
A review on Minsky's hypothesis of financial instability

Zhang jie

Abstract The paper intends to take a tentative look into the basic structure of money value, an issue somewhat neglected in the history of mainstream monetary theory. The author finds that the issue originated from S. C. Tsiang's discussion on the fallacy of composition of money supply and was deepened in the framework of Minsky's hypothesis of financial instability. Based on the contradiction of money value at macro and micro levels, Minsky elaborated the logic in the development of financial rationality into financial irrationality. He highlighted the key function played by the financial commitment of banking system, believing that the commitment was the trigger of almost all kinds of financial crisis. The paper regards that the special structure of money value and the accompanying financial instability has dictated the effective boundary of financial marketization. Therefore, it is necessary to carefully handle the realistic rhythm of reform. What is more, in light of the importance of banking system in the formation of financial irrationality, it is a must to apply to the system stricter regulation and access instead of more active marketization.

Key words Structure of Money Value   Dual Value of Money   Hypothesis of Financial Instability   Financial Institution

不忘初心，继续前进

《中国金融学》诚邀投稿

《中国金融学》是什么样的读物？她是一份有情怀的读物：
* 有历史：怀着服务中国金融的初心，创始于 2003 年。
* 有底蕴：已经发表了上百篇高水平的金融学术论文。
* 有情怀：致力于为中国经济社会发展提供金融方案。
* 有实力：由清华、川大、浙大、人大四所名校合办。
* 有高参：由国内外著名的资深学者组成学术委员会。
* 有特色：既持续关注传统金融，也紧密追踪新金融。
* 有深度：既有学界资深前辈，也有新锐的后起之秀。
* 有热情：诚邀国内外学界优秀学者、精英踊跃投稿。

《中国金融学》创始于 2003 年，旨在为中国金融研究者提供一个高端学术平台。在创办的十多年里，《中国金融学》瞄准金融理论与实践前沿，发表了上百篇高水平的金融学术论文。《中国金融学》现由清华大学、四川大学、浙江大学、中国人民大学共同合办，每季度编一辑。

本书坚持对标国际先进理论与实践，扎根中国金融体系，倡导规范研究，鼓励理实融合，开放学术争鸣。本书既持续关注金融市场、公司金融、公共金融、国际金融等传统金融问题，也紧密追踪科技金融、金融科技、互联网金融等新金融问题。无论是学术上还是实践上，本书致力于为中国经济社会发展提供金融方案。

中 国 金 融 学

China Journal of Finance

欢迎投稿

1. 登录《中国金融学》网站 www. chinafinancejournal. org. cn 投稿系统投稿。文章格式：请参照网站下载栏目：《中国金融学》投稿格式，提取码：14QJ。

2. 也可投稿至 cfj2003@ chinafinancejournal. org. cn，附上电子原稿附件。

3. 我们有权对来稿做文字修改、删减。如作者不同意编辑部对文章进行修改和删减，请在来稿中注明。

4. 作者姓名在文题下按顺序排列；作者单位及邮政编码脚注在同页左下方，并附第一作者简介（含性别、出生年月、最高学历、职务、职称、工作单位、联系电话、E－mail，有相关著作论文发表的，请列出）。

5. 作者文责自负，请勿一稿多投。来稿决定使用后，由我们发放专用录稿通知，专有使用权归编辑部所有。如发现抄袭、冒名等违反《著作权法》相关规定的，文责由作者自负。

6. 审稿期为 3 个月，如未录用，请自行处理。

7. 联系电话：13675837627 联系人：吴后宽

8. 联系邮箱：cfj2003@ chinafinancejournal. org. cn

9. 编辑部地址：杭州市江干区杭海路 601 号浙大 AIF（江干）产研中心，邮编：310020。

浙江大学互联网金融研究院（Academy of Internet Finance, Zhejiang University, 以下简称浙大 AIF）成立于 2015 年 4 月，是中国首个立足于学科体系发展的互联网金融研究院。

浙大 AIF 汇聚了浙江大学经济、法学、管理、数学科学、计算机科学与技术、公共管理等学院的研究力量，开展跨学科研究，致力于成为引领国际的中国新金融智库和培养互联网金融人才的世界级基地。

浙大 AIF 在互联网金融发展、互联网金融法律、互联网与创新金融、数学与互联网金融、互联网金融技术五个创始研究中心的基础上，先后成立了区块链工作室、司南工作室、金融国际化工作室、创业金融工作室、互联网老龄金融工作室及云基础设施硅谷研究室，其他专题工作室陆续筹建中。

自建院以来，浙大 AIF 先后出版发行了《中资银行国际化报告》《砥砺前行，守得云开？——中国 P2P 网贷行业 2016 年度报告》《扬帆起航——走向国际的中资保险公司》《互联网金融理论与实务》《创业金融实践》等一系列研究成果。

浙大 AIF 积极拓展国际学术交流与合作，实行全球化战略布局，国内以北京、上海、深圳为基地筹建分院，国际以伦敦、硅谷、新加坡为基地筹建分院，目前北京分院、伦敦分院、上海分院、硅谷分院均已挂牌成立。

此外，作为浙江互联网金融联合会的联合理事长单位和全国金融标准化技术委员会互联网金融标准工作组的首批成员单位，浙大 AIF 积极助力互联网金融行业健康发展。

《中国金融学》网址

www. chinafinancejournal. org. cn

《中国金融学》微信公众号